ÉTHIQUE ET
JUSTICE INTERNATIONALE

Collection « Inter-National »
dirigée par Denis Rolland, Joëlle Chassin
Françoise Dekowski et Marie-Hélène Touzalin

Cette collection a pour vocation de présenter les études les plus récentes sur les institutions, les politiques publiques et les forces politiques et culturelles à l'œuvre aujourd'hui. Au croisement des disciplines juridiques, des sciences politiques, des relations internationales, de l'histoire et de l'anthropologie, elle se propose, dans une perspective pluridisciplinaire, d'éclairer les enjeux de la scène mondiale et européenne.

Dernières parutions

Mark CORCORAL, *Cyber-attaques : l'Amérique désigne ses ennemis,* 2021.
Philippe MARCHESIN, *La politique française de coopération. Je t'aide, moi non plus,* 2021.
Maurizio COPPOLA, *Construire l'italianité. Traditions populaires et identité nationale (1800-1932)*, 2021.
Maria Luiza TUCCI CARNEIRO, *Dix mythes sur les Juifs*, 2021.
Marc CHAUX, *La politique étrangère de Jimmy Carter (1977-1981). De la Moralpolitik à la fin des illusions,* 2021.
Simon LATENDRESSE, *Ethnographie des sans-papiers au Pakistan. Les ombres de la frontière afghane*, 2021.
Frédéric BOURDIER, *Temps de guerre, temps de révolte chez les populations autochtones du Cambodge. Première assise populaire khmère rouge à Ratanakiri (1967-1971)*, 2020.
Enzo FASQUELLE, *Les intérimaires du risque : sécurités privées en Afrique de l'Ouest*, 2020.
Michel FABREGUET et Danièle HENKY (dir.), *Les « héros du retrait » dans les mémoires et les représentations de l'Europe contemporaine. Histoire et fictions,* 2020.
Diana MKRTCHYAN (dir.), *Journal d'une classe. Arménie 1988*, 2020.
Jean-Luc MATHIEU, *L'institution du Défenseur des droits*, 2020.
Élodie REMY, *Réfugiés : l'hébergement chez des particuliers. Des liens qui rendent libres ?*, 2020.
Garik GALSTYAN, *L'écologie en Arménie, Le lac Sevan et l'émergence du mouvement écologiste*, 2020.
Jérôme TOURBEAUX, *Les micro-États européens à l'épreuve de la modernité. Enjeux socio-démographiques*, 2020.
Jean-Pierre SCHAEKEN-WILLEMOERS, *Le gaz au-delà de 2050 ?*, 2020.

Nathan PELTIER

ÉTHIQUE ET JUSTICE INTERNATIONALE

L'Harmattan

5-7, rue de l'École-Polytechnique, 75005 Paris

http://www.editions-harmattan.fr

ISBN : 978-2-343-20988-3
EAN : 9782343209883

Cet ouvrage est issu d'un mémoire réalisé dans le cadre du Master 2 Droit public général de l'Université de Rennes 1. Il fut écrit sous la direction du professeur Guillaume Le Floch, Directeur de l'Institut du droit public et de la science politique et Secrétaire général adjoint de la Société française pour le droit international.

Sommaire

Liste des sigles et abréviations

ABA	American Bar Association
ACDI	Annuaire de la Commission du Droit International
AEP	Assemblée des États Parties
AFDI	Annuaire Français de Droit International
AGNU	Assemblée Générale des Nations Unies
AJDA	Actualité Juridique Droit Administratif
AJIL	American Journal of International Law
Ann.	Annuaire
Arb. Int'l	Arbitration International
ASIL	American Society of International Law
ASP	Assembly of States Parties to the Rome Statute
BdP	Bureau du Procureur
BIICL	British Institute of International and Comparative Law
BLI	Business Law International
Bull.	Bulletin
CADH	Convention Interaméricaine des Droits de l'Homme
CADHP	Charte Africaine des Droits de l'Homme et des Peuples
C.C.B.E.	Conseil des Barreaux Européens
CCI	Chambre de Commerce et d'Arbitrage

CEDH	Convention Européenne de Sauvegarde des Droits de l'Homme et des Libertés Fondamentales
Cf	Confer
Ch. App	Chambre d'Appel
CIADH	Cour Interaméricaine des Droits de l'Homme
CIArb	Chartered Institute of Arbitrators
CIRDI	Centre International pour le Règlement des Différends Relatifs aux Investissements
C.I.J.	Cour International de Justice
CJCE	Cour de Justice des Communautés Européennes
CJUE	Cour de Justice de l'Union Européenne
CNUDCI	Commission des Nations Unies pour le Droit Commercial International
Coll	Collection
CourADHDP	Cour Africaine des Droits de l'Homme et des Peuples
CourEDH	Cour Européenne des Droits de l'Homme
C.P.A.	Cour Permanente d'Arbitrage
C.P.I.	Cour Pénale Internationale
CPJI	Cour Permanente de Justice Internationale
Dis. Res. J.	Dispute Resolution Journal
Dir.	Directeurs
DUDH	Déclaration Universelle des Droits de l'Homme
Éd.	Édition
EJIL	European Journal of International Law
ENA	École Nationale d'Administration

Fasc.	Fascicule
FIDH	Fédération Internationale des Droits de l'Homme
FNI	Front des Nationalistes et Intégrationnistes
FRPI	Forces de Résistance Patriotique de l'Ituri
GC	Grande Chambre
HRW	Human Rights Watch
Ibid	Ibidem
IBA	International Bar Association
ICC	International Criminal Court
ICCA	International Congress and Convention Association
ICJ	International Court of Justice
ICLQ	International and Comparative Law Quarterly
ICSID	International Centre for Settlement of Investment Disputes
IDI	Institut du Droit International
IRJS	Institut de Recherche Juridique de la Sorbonne
ITLOS	International Tribunal of the Law of the Sea
JDI	Journal du Droit International
JPI	Journées de la Justice Pénale Internationale
LGDJ	Librairie Générale de Droit et de Jurisprudence
L. Rev.	Law Revue
MAE	Ministère des Affaires Étrangères
MARD	Mémorandum sur les Règles et Procédures Relatives au Règlement des Différends
OA	Organe d'Appel
OIT	Organisation Internationale du Travail

OMC	Organisation Mondiale du Commerce
O.N.U.	Organisation des Nations Unies
Op. cit.	Opere Citatum
ORD	Organe pour le Règlement des Différends de l'Organisation Mondiale du Commerce
OTP	Office of the Prosecutor
PUF	Presses Universitaires de France
RCADI	Receuil de Cours de l'Académie de Droit International
RDIDC	Revue de Droit International et de Droit Comparé
Req.	Requête
RIEJ	Revue Interdisciplinaire d'Études Juridiques
RJOI	Revue Juridique de l'Océan Indien
RPP	Règlement de Preuve et de Procédure
RQDI	Revue Quebecoise de Droit International
RTD com	Revue Trimestrielle de Droit Commercial
SFDI	Société Française pour le Droit International
TGI	Tribunal de Grande Instance
TIDM	Tribunal International du Droit de la Mer
TPIR	Tribunal Pénal International pour le Rwanda
TPIY	Tribunal Pénal International pour l'ex-Yougoslavie
TSSL	Tribunal Spécial pour la Sierra Leone
UE	Union Européenne
UNCITRAL	United Nations Commission on International Trade Law
UPC	Union des Patriotes Congolais

V.	Voir
Vol.	Volume
Y. B.	Yearbook
YBCA	Yearbook of Commercial Arbitration

Introduction

« L'essor de l'éthique révèle incontestablement une crise d'une régulation juridique par trop désengagée et coupée de certaines valeurs communes dont la nécessité se ressent pourtant dans la vie sociale. L'éthique se développe par deux voies : soit elle pénètre le droit lui-même, soit elle suit un cheminement propre »[1].

La montée en puissance de l'éthique est le résultat d'une ambivalence rappelée par ces quelques mots de Bruno Oppetit. Parfois, l'éthique serait appelée par le droit et prendrait tout l'espace que celui-ci lui laisserait, parfois elle s'imposerait à lui en prenant un espace qui ne lui était pas dédié. Tantôt vue comme le rédempteur, tantôt crainte par sa préexistence et sa dimension presque arrogante de supériorité, l'éthique interroge et fait parler au fur et à mesure qu'elle s'ancre dans nos sociétés. Ces craintes ne sont pas issues d'une *paranoïa* ambiante puisque nombre d'auteurs relèvent que « de nombreuses règles juridiques ont d'abord été des règles éthiques »[2]. Pourtant, le constat inverse se défend, témoignant du paradoxe de son apparition sur la scène juridique. En effet, l'éthique est également « souvent le signe d'une insuffisance du droit, qu'elle tienne à l'absence de règle ou à la faillite des règles existantes

---

[1] B. OPPETIT, *Philosophie du droit*, Dalloz, 1999, n°131, p. 138.

[2] G. FARJAT, « L'éthique et le système économique, une analyse juridique », *in L'éthique dans les relations économiques internationales* (en hommage à Philippe Fouchard), Credimi, Centre R-J Dupuy et Bibliotheca Alexandrina, Pedone, 2006, p. 27. Dans le même sens, cf B. OPPETIT, *op. cit.*, note 1, n°12 : « Le droit n'est par essence originaire, car il présuppose la politique et l'éthique, et ne saurait se réduire à la seule volonté qui l'instaure ».

en raison de leur application déficiente »[3]. Elle pourrait ne plus s'imposer par sa préexistence, mais au contraire se manifester sur demande pour rendre un système plus vertueux. Ce double mouvement s'inscrit en vérité quand le regard se déplace vers la Justice internationale. L'essor de la figure judiciaire étant le résultat d'un « réaménagement implicite des pouvoirs »[4], la Justice internationale s'est imposée comme un réel contre-pouvoir face à la toute-puissance des États sur la scène internationale. Son activisme se développa en même temps que les juridictions devinrent de plus en plus nombreuses. Toutefois, malgré des périodes fastes, témoignant d'un volontarisme des États dans le règlement des différends, certaines décisions juridictionnelles ne purent qu'écorner la confiance que les États et individus plaçaient dans les juridictions[5]. La confiance dans la Cour se fragilisant, celle-ci dut trouver un nouveau moyen de construire un pacte de confiance implicite avec les États. Ce pacte, symbole d'une nouvelle conception de la justice comme étant beaucoup plus proche des acteurs qui la font vivre, est ce qui permettrait d'atteindre « un horizon de responsabilité à l'échelle de la société »[6]. Touchant de près à la légitimité de son existence, la Cour internationale de Justice, à l'instar des autres juridictions existantes ou en phase d'élaboration, en appela, sans forcément le nommer, à l'éthique pour forger ce pacte si attendu. Elle trouva dans l'éthique au sens large, dans son indépendance et son impartialité au sens restreint, le moyen de

---

[3] C. JARROSSON, « Éthique, déontologie et normes juridiques dans l'arbitrage », *in* G. KEUTGEN (dir.), *L'éthique dans l'arbitrage*, Bruylant, Bruxelles, 2011, p. 6.

[4] E. JOUANNET, « Actualité des questions d'indépendance et d'impartialité des juridictions internationales: la consolidation d'un tiers pouvoir international ? », *in* H-R. Fabri et J-M. Sorel (dir.), *Indépendance et impartialité des juges internationaux*, Pedone, Paris, 2010, p. 273.

[5] On pense inévitablement à l'arrêt de la Cour internationale de Justice dans les affaires du Sud-Ouest africain (Ethiopie c. Afrique du Sud, Liberia c. Afrique du Sud). Sur les réactions, toujours vives et rarement mesurées des observateurs à propos de la décision, G. FISCHER, « Les réactions devant l'arrêt de la Cour internationale de Justice concernant le Sud-Ouest africain », *AFDI*, Vol. 12, 1996, pp. 144-154.

[6] D. SALAS, H. EPINEUSE (dir.), *L'éthique du juge : une approche européenne et internationale,* Dalloz, Paris, 2003, p. 18.

s'imposer un peu plus comme un véritable « Tiers pouvoir international »[7].

L'internationalisation du droit prenait appui sur des États-nations se considérant comme des dispositifs essentiels de médiation. La société internationale leur appartenait, mais au lendemain de la Seconde Guerre mondiale, une prise de conscience s'effectua : celle de ne pas instaurer de différences de droits entre les États, de ne pas évaluer une souveraineté étatique supérieure à une autre. Fut ainsi établi le principe d'égalité souveraine des États, qui encadre toujours l'exercice des compétences nationales sur la scène internationale. Il apparut alors que cette égalité ne pouvait être concrètement assurée que par la participation d'un juge indépendant, déconnecté des intérêts étatiques et qui saurait rétablir cette égalité si un État l'avait arbitrairement dénaturé. Finalement, l'émergence d'un Tiers pouvoir international est bien la redéfinition de la place du juridictionnel face aux autres pouvoirs internationaux, en particulier les États souverains. Emmanuelle Jouannet, qui aime à employer ce terme, élucide la véritable signification d'un tel contre-pouvoir. Selon elle, « en parlant d'un Tiers pouvoir à l'international, on ne signifie pas l'existence d'un troisième pouvoir bien identifié qui émergerait face à deux autres pouvoirs législatif et exécutif tout aussi bien identifiés, distinction qui n'a pas de sens à l'international ; on veut signifier plus littéralement l'existence d'un pouvoir exercé par le juge en tant que tiers impartial et désintéressé »[8]. Ce sont l'impartialité et le désintéressement qui constituent le ciment du fameux pacte de confiance, tant souhaité par les juridictions pour affiner leur autorité. Et, on l'a vu, ce renouveau du lien de confiance entre les acteurs internationaux et leur contrôleur, les juridictions, passe notamment par le concept éthique. La grande difficulté ne fut pas d'affirmer que leur éthique serait renouvelée, mais bien de définir ce concept aux mille et une

---

[7] E. JOUANNET, *op. cit.*, note 4, p. 276 : « Les juridictions internationales semblent ainsi progressivement incarner un pouvoir de nature spécifique sur la scène internationale que l'on appellera un Tiers pouvoir. ».

[8] *Ibid.*

significations. En effet, l'éthique est d'abord une notion philosophique, qu'on pourrait qualifier de difficile à percevoir pour les cartésiens, lui préférant la notion plus professionnelle de déontologie. Notion évanescente car se rapportant tantôt à des idéaux et valeurs morales, tantôt à des notions plus professionnelles voire disciplinaires, la règle éthique est universellement admise comme un indispensable dans les ordres juridiques, ou dénoncée comme flouant les réels devoirs et droits des acteurs de la justice. Parce que, si l'éthique s'impose avec acuité, c'est naturellement dans le domaine de la justice. De multiples auteurs ont tenté de définir l'éthique, parfois en la restreignant aux règles professionnelles qu'on pourrait qualifier de règles déontologiques, parfois en s'attachant aux valeurs morales induites par les jugements internationaux. Toujours est-il qu'un besoin commun s'est vite fait sentir ; celui de sortir l'éthique de son carcan philosophique pour lui assigner une dimension beaucoup plus juridique.

Divers instruments internationaux ont pris la mesure de l'enjeu et consacré de nombreux développements à l'éthique. On le verra, des codes, des déclarations, des recommandations ont fait de l'éthique un standard applicable à l'égard des acteurs de la Justice internationale. Mais les rédacteurs de ces différents textes ne prennent que très rarement le soin de définir ce qu'est l'éthique, de lui assigner une définition qui pourrait faire foi dans l'ordre juridique international. C'est un concept que ses rédacteurs aiment à définir en faisant référence à ses soubassements : l'indépendance, l'impartialité ou la neutralité[9]. Mais point de définition globale faisant force de loi, ou, au moins, de norme communément acceptée. Il n'existe aucun code, charte, ou convention en matière d'éthique qui serait universellement admis et uniformément applicable. Définir l'éthique impose nécessairement la réalisation d'une construction de sens. Une telle construction nous amène à envisager la notion par rapport à deux autres termes, concepts,

[9] G. ERMISSE, « La déontologie, l'éthique et les obligations légales et règlementaires des archivistes français », *Gazette des archives*, n°196, 2004, p. 6.

qui se confondent et s'entremêlent dans une série de rapports complexes. Le premier envisagé est la morale, comportant une dimension éminemment *jus*-naturaliste. Or, on ne peut être que frappé par les liens qu'entretient l'éthique avec cette morale, dont l'étroitesse ne cesse de s'exprimer par la référence constante de l'éthique aux valeurs morales. Il est par exemple tout à fait notable de voir que les deux termes sont en réalité étymologiquement synonymes[10]. Ce constat, rappelé par Charles Jarrosson, l'amène à préciser qu'éthique et morale sont aujourd'hui largement distinguées, « notamment en raison de la connotation passéiste ou confessionnelle que le mot 'morale' véhiculerait »[11]. La tendance serait ainsi au détachement de l'éthique d'une quelconque transcendance pour lui assigner ensuite un rôle régulateur : celui de « déterminer les valeurs auxquelles les comportements doivent correspondre pour être socialement bons, c'est-à-dire pour favoriser une vie sociale harmonieuse »[12]. Ce détachement est nécessaire, parce que l'éthique a besoin de se dissocier de son origine clairement *jus-naturaliste* pour imposer des devoirs à ses destinataires. L'éthique ne peut rester dans l'ombre, dans la pure imprégnation d'idées, et doit s'objectiver à travers des règles de droit[13]. Bien sûr, les règles éthiques ainsi constituées ne pourront complètement se départir des valeurs morales auxquelles elles renvoient fatalement, et gardent des liens extrêmement privilégiés avec ces valeurs. Maître El Ahdab, auteur d'une grande contribution sur l'éthique des arbitres internationaux, parlait ainsi de « l'art moral de juger » pour décrire la mission

[10] Le mot latin *ethica* (morale) vient du grec *ethikon* qui procède du mot *ethikos* (qui concerne les moeurs). V. O. DESCAMPS, « Ancrages historiques » *in* D. Bureau, F. Drummond, D. Fenouillet (dir.), *Droit et morale*, Dalloz, Paris, Coll, Thèmes commentaires, 2011, p. 115.

[11] C. JARROSSON, *op. cit.*, note 3, p. 3.

[12] *Ibid.*

[13] P. TERCIER, « L'éthique des arbitres », *in* G. KEUTGEN (dir.), *L'Éthique dans l'arbitrage*, Actes du colloque de Francarbi du 9 décembre 2011, Bruylant, Bruxelles, 2011, p. 17.

arbitrale[14]. Ancien directeur des Archives nationales de Paris, G. Ermisse partait pour sa part d'une analogie intéressante, en exprimant que « le besoin d'éthique exprimé par la société peut être ressenti comme une sorte de retour à la morale qui s'imposerait aux responsables publics, élus et fonctionnaires »[15]. On sent donc bien que la morale n'est pas loin de l'éthique, et que sa dimension transcendante ne peut être purement et simplement éludée. Pour y voir plus clair, et en déterminer les rapports, encore faut-il envisager l'éthique non plus cette fois face à sa dimension morale, mais face à ses implications beaucoup plus positives qu'implique la déontologie. C'est le deuxième concept qui se confond parfois avec l'éthique. Pour certains, la déontologie serait empreinte d'un caractère plus technique, plus restreint, et correspondrait aux règles de droit régulant les activités d'un corps de métier. Elle serait « une morale sanctionnée par le droit »[16] et comporterait « l'ensemble des devoirs qui s'imposent dans une profession »[17]. On voit tout de suite les différences d'implications, la déontologie comportant une dimension concrète évidente, prenant en compte les pratiques d'une profession pour essayer de réguler les comportements des acteurs la composant. Jean Carbonnier résuma ces quelques pensées en admettant que « l'éthique peut s'accommoder de subjectivité, d'impressionnisme même, elle est aérienne, la déontologie, elle, se veut rugueuse, rigoureuse, matérialiste »[18]. La déontologie serait ainsi clairement marquée par sa juridicité, par le matérialisme de la règle juridique, alors que l'éthique serait évanescente et resterait dans une sorte de ciel des idées. Toutefois, la pratique semble se départir de ces

---

[14] J. EL AHDAB, « L'éthique dans la conduite et la gestion de l'arbitrage », *in* B. MOREAU (dir.), *L'arbitrage institutionnel en France*, Bruylant, Bruxelles, 2016, p. 2.

[15] G. ERMISSE, *op. cit.*, note 9, p. 5.

[16] B. BEIGNIER, V. Déontologie *in Dictionnaire de culture juridique*, PUF, 2003.

[17] C. HANNOUN, « La déontologie des activités financières : contribution aux recherches actuelles sur le néo-corporatisme », *RTD com.*, 1989, p. 417.

[18] J. CARBONNIER, *Écrits*, (textes rassemblées par R. Verdier), PUF, 2008, p. 1328.

différences, au point qu'on se demande si la distinction est toujours pertinente.

La plupart des instruments internationaux proclamant des recommandations ou des règles en matière d'éthique voient leur traduction française non plus parler d'éthique mais de déontologie. L'exemple canadien est particulièrement frappant. La magistrature canadienne est sans doute l'une des magistratures qui a le plus travaillé sur la question éthique, et qui a le plus souhaité s'auto-réguler pour répondre aux besoins éthiques exprimés par la population à son égard. Les *Ethical Principles of Judges*[19] furent alors publiés en novembre 1998 par le Président de la Haute cour de justice du Canada. Il est plutôt révélateur de l'assimilation entre éthique et déontologie de voir que le titre officiel de ces principes en français n'est autre que les *Principes de déontologie judiciaire*. La transcription exacte aurait été de garder la référence à l'éthique. On peut tout à fait considérer que l'erreur est purement formelle, révélatrice simplement d'un manque de rigueur de la part des traducteurs. Toutefois, cette assimilation peut aussi démontrer que la différenciation entre l'éthique et la déontologie est si impalpable, si difficilement explicable, qu'on préfère purement et simplement les rendre synonymes. Et nombre d'auteurs rapprochent largement les deux notions[20], au point que les règles qui régissent l'activité des membres d'une profession et formalisent les devoirs attendus des membres de ces professions sont parfois désignées de règles déontologiques, parfois de règles éthiques[21]. L'analogie des deux termes ne serait pas donc pas forcément une malfaçon significative, tant les idées auxquelles ils renvoient sont proches. Ce serait aussi ne pas tenir compte des grandes difficultés auxquelles font face les

---

[19] *Ethical Principles for Judges*, 1998, Canadian Judicial Council, Catalogue Number JU11-4/ 2004E-PDFISBN 0-662-38118-1.

[20] A. REDFERN, M. HUNTER, N. BLACKABY, C. PARTASIDES, *Law and Practice of International Commercial Arbitration*, 4ème éd., Sweet & Maxwell, 2004, p. 246.

[21] F. ESTAVILLO-CASTRO, « Ethics in Arbitration », *in* M. A. Fernandez-Ballesteros & D. Arias, *Liber amicorum in honour of Bernardo Cremades*, La Ley, 2010, p. 388.

rédacteurs des textes juridiques internationaux, qui doivent constamment examiner, mélanger et mutualiser les références nationales pour en faire des règles internationales. Deux grands modèles sont présents dans la majorité des instruments juridiques internationaux ; le modèle de common law et la tradition civiliste ou continentale. Les rédacteurs des chartes constitutives des juridictions internationales puisent dans ces modèles pour que l'un d'entre eux ne soit pas abandonné. Les juridictions étant composées d'acteurs appartenant aux deux systèmes, les deux modèles doivent pouvoir se retrouver pour qu'un professionnel puisse exercer son office en toute conscience de la procédure. Or, la culture anglo-saxonne accorde une place aux conceptions morales ou moralisatrices, à la conscience individuelle, que la culture continentale préfère éluder au profit de règles claires, codifiées et empilées, n'ayant que peu d'intérêt pour le subjectivisme. Ces conceptions, s'exprimant dans la « culture de l'audience » anglo-saxonne[22], révèlent une conception marquée de l'éthique, induisant donc des valeurs morales. C'est ce qui conduit « le monde de la common law à tirer la déontologie vers l'éthique »[23]. On sait qu'un tel rapprochement implique souvent un détachement se déroulant en parallèle. C'est le cas des règles éthiques qui, corrélativement à leur rapprochement dans le sens de la déontologie, s'éloignent des règles disciplinaires. Cet éloignement sera la dernière précision nécessaire à une définition complète de l'éthique. Denis Salas a parfaitement expliqué les contours de l'éthique, de la déontologie et de la discipline. D'une expérience à toute épreuve dans la question de l'éthique des magistrats[24], il considérait que : « L'éthique

---

[22] D. SALAS. *op. cit.*, note 6, p. 7 : « En Common law, il est une personnalité publique ce qui l'a porté à se poser très tôt la question de sa responsabilité. il y règne une « culture de l'audience » (alors que la « culture du dossier » domine sur le continent). ».

[23] *Ibid.*, p. 8-9.

[24] Il fut rapporteur du Conseil consultatif des juges européens chargé d'étudier les questions éthiques dans les pays membres du Conseil de l'Europe. Le Comité a notamment étudié les réponses à un questionnaire envoyé à l'ensemble des États membres du Conseil de l'Europe. Un premier bilan des sources de ces travaux a été présenté lors d'un colloque organisé à

renvoie à une notion de bien faire, à la visée du bien commun dans l'exercice d'une tâche ; la déontologie énonce les principes explicites qui guident cette intention dans les actes ; la discipline est la sanction des fautes commises à l'occasion de ces actes »[25]. Le concept éthique peut donc être étudié sous le prisme déontologique mais pas dans une assimilation contestable aux règles disciplinaires. Tout au plus ces règles font partie d'un même système. La discipline compléterait l'éthique, et interviendrait plutôt en aval pour sanctionner un défaut d'éthique. Si l'analogie des deux notions est ainsi dénuée de fondement, la complétude du système induite par leur imbrication impose de les examiner ensemble.

Ce marasme de définitions et d'analogies redoutées rend difficile l'émergence d'une définition universelle de l'éthique. Dès lors, l'assimilation de celle-ci avec la déontologie n'est pas nécessairement abusive. Même si l'on peut définir l'éthique comme étant la transcendance philosophique de la déontologie, les deux notions peuvent être couplées pour n'en former qu'une seule. L'éthique serait alors une idée, un besoin exprimé par la société, qui permettrait aux valeurs morales de s'imbriquer dans le travail des acteurs de justice à travers des règles de droit qui guideraient leur appréciation en enserrant leur comportement. L'éthique se transcrirait plus aisément par ses soubassements, ses concepts directeurs que sont l'indépendance et l'impartialité. On le verra, ces principes sont au fondement même des compétences et des attributions des gens de Justice internationale, que l'on parle des juges, arbitres ou auxiliaires de justice. Ce sont alors des règles qu'on peut désigner de règles éthiques, qui permettent d'atteindre cet idéal d'indépendance et d'impartialité renforçant la confiance des justiciables et permettant à la décision de justice d'être rendue de manière légitime. Après en avoir élucidé ses contours, il faut alors s'interroger sur les raisons de son apparition.

Paris par l'ENA le 11 décembre 2002. Sinon, ces travaux figurent sur le site du Conseil de l'Europe www.coe.int (coopération juridique/professionnels du droit/juges).

[25] D. SALAS, *op. cit.*, note 6, p. 5.

Si le besoin d'éthique exprimé par la justice est ancien[26], sa première traduction sur la scène juridique internationale peut être trouvée dans l'affaire de la baie de Fundy en 1814[27]. Le Président du tribunal arbitral, chargé de régler un différend entre les États-Unis et la Grande-Bretagne, en appelait au respect, par les agents des deux États, des principes élémentaires de loyauté dans le débat. Toutefois, aucune réaction normative ne fut entreprise suite à ces exigences, qui restèrent finalement assez isolées. Le besoin de moralisation se perçoit plus particulièrement dans les années 1920 aux États-Unis. Bien que la Convention pour le règlement pacifique des conflits internationaux, instaurant la Cour Permanente d'Arbitrage, contenait déjà des règles éthiques, la première codification à part entière de l'éthique judiciaire est effectuée en 1924, à l'initiative de l'American Bar Association (ABA) [28]. Sans expliciter la situation qui amena l'ABA à revendiquer ce besoin éthique, il faut tout de même savoir que le fait générateur de cette revendication est fortement paradoxal. Étaient en cause des

---

[26] J. COMMAILLE, « Éthique et droit dans l'exercice de la fonction de justice », *Sociétés contemporaines*, 1991, vol. 7, n° 1, p. 93 : « Si nous nous référons aux affrontements d'idée de la Révolution française qui donnent à voir de façon extrême cette dimension politique de la fonction de justice, ce qui est en question c'est ce "dilemme entre le mythe démocratique et l'efficacité judiciaire" (Schnapper, 1988), entre la participation la plus large des citoyens à l'oeuvre de justice (comme, par exemple, dans les jurys populaires) et le recours sélectif à des spécialistes dotés de compétences particulières, à commencer par la maîtrise subtile du droit, capables d'une totale impartialité et de vertus morales supérieures. Ce qui est en cause, c'est le choix entre une Justice conçue comme référence symbolique dans le cadre d'un ordre politique fort avec des institutions et des agents autonomes, spécialisés et l'exercice d'une fonction de justice participant de l'idéal "d'esprit public" (Ozouf, 1988), relevant d'une pratique civique concernant chaque citoyen et dans laquelle chaque citoyen peut être impliqué ».

[27] Decision under Article IV of the Treaty of Ghent of 1814 between the United Kingdom and the United States, relating to the Islands in the Bay of Fundy, decision of 24 November 1817, Vol. XXVIII, pp. 5-10.

[28] L'ABA est une association du barreau américain, qui promeut les professions juridiques en oeuvrant pour un renforcement des règles déontologiques, en défendant des valeurs immuables de la justice telles que l'indépendance et l'impartialité, et en encourageant des comportements responsables et éthiques

soupçons de matchs truqués dans la ligue américaine de base-ball. Un juge était alors en charge du dossier : le juge Kenesaw M. Landis. Il inculpa huit joueurs des White Sox de Chicago. Pour l'instant, rien de paradoxal, seulement une réaction juridique de la part d'un juge à la suite d'un scandale affectant le base-ball, et donc la Nation américaine. Le paradoxe apparaît lorsque, suite à des revendications publiques trop nombreuses de son travail, le juge Landis fut accusé par l'ABA de conflit d'intérêts. C'est pourquoi le pouvoir judiciaire américain s'empara de cette affaire afin de répondre à ce besoin de moralisation exprimé par la société, et relayé par l'ABA. Le Président de la Cour suprême désigna une équipe chargée de définir des « canons d'éthique »[29] et ces principes furent ensuite remaniés tout au long du siècle. Cette première codification de règles dites éthiques trouva écho de l'autre côté de l'Atlantique en Italie. Le fait générateur n'était pas cette fois le truquage d'un match de base-ball, mais bien l'opération « Mains propres » (*Mani Pulite*) qui désigne un « nettoyage judiciaire » réalisé en Italie au début des années 1990 pour laver le pays d'une corruption trop présente dans les institutions étatiques. Le gouvernement italien, soucieux de retrouver la confiance de son peuple, prit l'initiative d'imposer des règles de conduite à l'ensemble des corps représentant l'État. Le plus ancien code de déontologie européen fut alors adopté en 1994, par l'association des magistrats italiens. Il est d'ailleurs pertinent d'apercevoir qu'en Italie, déontologie et éthique sont employées indistinctement, ledit Code étant désigné sous l'appellation de « code éthique »[30]. Sans les nommer, les initiatives de rédaction d'une éthique judiciaire se multiplièrent sur le vieux continent et

[29] E. ALT, M-A. LE THEULE, « La justice aux prises avec l'éthique et la performance », Pyramides [En ligne], n°22, 2011, mis en ligne le 16 février 2015, consulté le 18 avril 2019, URL : http://journals.openedition.org/pyramides/908

[30] E. BRUTI LIBERATI, L'entretien déontologique et la prévention des situations de conflit d'intérêts, Intervention au cours du colloque *« La déontologie des magistrats de l'ordre judiciaire – la déclaration d'intérêts »*, Vendredi 30 juin 2017, p. 3, URL : https://www.courdecassation.fr/IMG///BRUTI%20LIBERATI_d%C3%A9onto_contrib.pdf

en Asie où la codification très progressiste entreprise par Hong-Kong [31] mérite d'être soulignée. Peu à peu, les initiatives internationales prirent alors le pas. Le mouvement peut être analysé en deux temps. La cadence fut à la fois impulsée par diverses associations et organisations de la communauté juridique internationale qui ont cherché à donner aux règles éthiques une portée universelle pour qu'elles puissent ensuite s'insérer dans les ordres internes ou que ces derniers s'en inspirent. On peut citer les très nombreux textes adoptés par l'International Bar Association (IBA) en la matière, concernant tout à la fois les arbitres[32] ou les avocats et conseils exerçant devant les juridictions internationales[33], ou encore les travaux des Nations Unies, concernant cette fois les juges internationaux[34]. L'un d'entre eux, le projet de Bangalore, a posé les bases éthiques que doit suivre un juge pour la prévention des conflits d'intérêts. C'est un texte capital, qui a servi de modèle pour bon nombre de déclarations ou codes ultérieurs. Et c'est là tout l'intérêt de ces diverses déclarations ou codes de conduite. Leur manque de valeur officielle et de caractère contraignant est pallié par l'influence déterminante qu'ils ont pu avoir sur certaines juridictions. Certains textes adoptés par les juridictions elles-mêmes se sont largement inspirés des dispositions de ces instruments, pour poser des

---

[31] Guide de déontologie judiciaire (2004), Région administrative spéciale de Hong Kong (Chine).

[32] Lignes directrices de l'IBA sur les conflits d'intérêts dans l'arbitrage international, approuvées le 22 mai 2004 par le Conseil de l'International Bar Association.

[33] Code de conduite professionnelle des conseils, résolution ICC-ASP/4/Res.1., adoptée par consensus à la troisième séance plénière, le 2 décembre 2005.

[34] Principes fondamentaux relatifs à l'indépendance de la magistrature, Adoptés par le septième Congrès des Nations Unies pour la prévention du crime et le traitement des délinquants qui s'est tenu à Milan du 26 août au 6 septembre 1985 et confirmés par l'Assemblée générale dans ses résolutions 40/32 du 29 novembre 1985 et 40/146 du 13 décembre 1985 ; Projet de Bangalore 2001 sur un code de déontologie judiciaire, adopté par le Groupe judiciaire sur le renforcement de l'intégrité de la justice et révisé lors de la table ronde des premiers présidents organisée au Palais de la Paix à La Haye les 25 et 26 novembre 2002.

règles éthiques dont la valeur était cette fois contraignante car adoptées par la juridiction elle-même. Ces textes complètent ainsi le corps de règles déjà applicables, et forment un tout cohérent qui impose certains devoirs aux juges, avocats, conseils ou autres procureurs. Ces personnels judiciaires internationaux voient donc leur conduite régulée par un ensemble de règles éthiques, émanant à la fois d'instruments publiés par des associations et de sources contraignantes dont la paternité incombe aux juridictions. Forcément, ces dernières incluent également l'ensemble des règles éthiques qui existent dans le cœur même des traités ou statuts fondateurs des juridictions internationales. On le verra, certaines juridictions ont d'ailleurs considéré que l'adoption de textes ultérieurs compilant les règles éthiques n'était pas nécessaire, car les statuts et règlements suffisaient.

Les divers instruments précités relatifs à l'éthique sont le résultat d'une réception des magistrats d'un sentiment éthique, d'un besoin éthique se faisant de plus en plus pressant au sein de la société. La Justice internationale est apparue comme l'un des lieux privilégiés de réception de ce sentiment éthique, et de sa transcription dans des règles de droit, à la suite de son affirmation sur la scène internationale en tant que « Tiers pouvoir ». Aucune juridiction n'échappa à cette réception, malgré le très net développement et la grande spécialisation des juridictions dans la deuxième partie du XXème siècle. Naturellement, viennent à l'esprit les juridictions inter-étatiques et les juridictions pénales internationales et des droits de l'homme. Si certaines juridictions relèvent incontestablement de ces catégories, d'autres font encore débat. L'Organe de Règlement des Différends de l'Organisation Mondiale du Commerce (O.R.D.) sera par exemple envisagé, alors même que certains lui reprochent son manque flagrant de caractère juridictionnel[35]. Son étude constante au sein même des manuels

[35] C. SANTULLI, « Qu'est-ce qu'une juridiction internationale ? Des organes répressifs internationaux à l'ORD », *AFDI*, Vol. 46, 2000, pp. 58-81.

consacrant leurs réflexions aux juges internationaux[36] nous incite toutefois à le désigner de juridiction internationale, pour les besoins de la cause éthique. En revanche, l'examen des règles éthiques n'empruntera pas le chemin de la Cour de Justice de l'Union Européenne. Celle-ci n'échappe pourtant pas au sentiment éthique, qui s'est largement propagé jusqu'au sein même de sa jurisprudence, mais son caractère fondamentalement intégrateur et supranational nous épargnera son étude[37]. Si dans l'imaginaire la résolution du litige passe prioritairement par la voie juridictionnelle, ce serait oublier que la préférence est au règlement amiable et confidentiel du litige par une procédure arbitrale. Les centres d'arbitrage ne seront pas éludés, même si tous les tribunaux ou institutions arbitrales ne peuvent être envisagés. Certaines institutions mériteront l'analyse, car leur fonctionnement et leur organisation en permettent l'étude dans la plupart des ouvrages généraux de contentieux international. Ce sont évidemment la Cour Permanente d'Arbitrage (C.P.A.) et le Centre International pour le Règlement des Différends relatifs à l'Investissement (C.I.R.D.I.). Une fois ces précisions faites, reste à savoir quels sont les acteurs judiciaires ou gens de Justice internationale qui sont concernés par les règles éthiques. En vérité, ils le sont tous, du greffier au juge, de l'avocat à l'agent, en passant par les parties et la juridiction elle-même. Tous ne pourront être envisagés, l'étude s'astreignant à l'examen des règles éthiques des juges, arbitres, avocats et procureurs, dans une dimension individuelle qui empêche d'envisager l'éthique globale d'une juridiction. Bien sûr, l'éthique de la juridiction ne sera pas complètement éludée, car l'éthique individuelle possède

[36] Voir par exemple P. T. STOLL, « L'Organe de Règlement des différends de l'Organisation mondiale du commerce », *in* H. Ruiz-Fabri et J-M. Sorel (dir.), *Indépendance et impartialité des juges internationaux*, Pedone, Paris, pp. 205-214.

[37] Sur la distinction entre juridiction internationale et juridiction supranationale, voir Discours de son excellent ce M. Abdulqawi Ahmed Yusuf, Président de la C.I.J., devant l'académie royale de Belgique, « La justice supranationale : forces, défis et le rôle croissant de la Cour internationale de Justice », 12 novembre 2018, URL : https://www.icj-cij.org/files/press-releases/0/000-20181112-PRE-01-00-FR.pdf, p. 2.

indubitablement des conséquences sur celle de la juridiction, à travers l'image qu'elle renvoie de cette dernière. En effet, c'est bien du rapport entre l'éthique des différents personnels judiciaires que le procès éthique se dessine sous ses meilleurs atours car l'éthique comporte également une dimension systémique. Si l'éthique des juges se comprend dans un système où leur fonction de justice s'envisage par rapport à la qualité du jugement qu'ils rendent, qualité en partie déterminée par leur indépendance et leur impartialité, l'éthique des avocats et arbitres s'envisage dans un système où leur éthique est appréciée par rapport à la juridiction en elle-même : il s'agit alors de savoir si leur travail est respectueux de la juridiction concernée et des parties, donc de leur mandat. Bien sûr, l'éthique des autres personnels judiciaires pourrait également être envisagée, comme celle du Greffe ou celle des parties au litige, mais la présente étude s'en tiendra aux juges, auxiliaires et arbitres, tant leurs posture et travail, contrairement au Greffe, sont visibles pour les justiciables et font l'objet des critiques les plus frontales.

L'un des reproches les plus fréquents est étroitement lié au développement de la Justice internationale. On l'a vu, ce « Tiers pouvoir international »[38] est devenu un acteur politique à part entière sur la scène internationale, usant volontiers de ses pouvoirs pour préserver la paix entre les États. Les juridictions internationales apparaissent aujourd'hui comme des organes régulateurs qui tempèrent les passions et outrages étatiques pour pacifier leurs relations sociales[39]. C'est en tout cas ce qui ressort particulièrement de l'office de la Cour Internationale de Justice, principale juridiction inter-étatique à caractère universel et non

---

[38] E. JOUANNET, *op. cit.*, note 7.

[39] J-M. SAUVÉ. « Le juge face aux questions éthiques », Intervention de Jean-Marc Sauvé, vice-président du Conseil d'Etat, Séminaire de formation continue des chefs de cour d'appel intitulé *« L'humanisme, enjeu séculaire pour la justice, nouvel enjeu pour la justice aujourd'hui et celle de demain » « Juger au cœur de la société des hommes »*, Ecole nationale de la magistrature, 29 septembre 2015, p. 4, http://www.conseil-etat.fr/content/download/47932/418418/version/2/file/le%20juge%20et%20la%20fin%20de%20vie.pdf

sectoriel. Or, comme le rappelle Emmanuelle Jouannet, « si la justice ne joue pas de rôle significatif, on se préoccupe peu de l'influencer mais si, en revanche, elle s'émancipe et prend de l'importance on cherche beaucoup plus à la juguler »[40]. Et la critique intervient plus facilement ; la Justice internationale se serait alors « trop » émancipée de ses fondateurs, serait désormais « trop » lointaine et difficilement contrôlable. Que des reproches qui mettent finalement en cause le principe même d'une justice démocratique et saine. Certains États n'acceptent pas qu'une juridiction puisse être leur censeur, et se refusent à exécuter certaines sentences pourtant rendues au terme d'un procès équitable[41]. Alors, l' éthique est de plus en plus conçue comme une parade à ces vents réfractaires. Elle profite d'un effet de mode[42], palpable tant les références à l'éthique dans les ouvrages doctrinaux, interventions des instances internationales et même les législations nationales se multiplient. Ayant mis du temps à s'imposer, l'éthique est aujourd'hui une notion incontournable, et l'appel de textes compilant au niveau universel les règles éthiques se fait sentir[43]. Ce « mouvement éthique » est d'ailleurs fortement paradoxal puisqu'il vient de deux côtés : des États, qui veulent des juges déconnectés de tout intérêt extérieur au litige et des avocats qui respectent l'institution, et des juridictions elles-mêmes qui cherchent à se prémunir des critiques en édictant des canons d'éthique. C'est là tout l'intérêt de l'éthique, qui est vue à la fois comme un moyen, pour les États, de juguler l'activisme jurisprudentiel en

---

[40] E. JOUANNET, *op. cit.*, note 4, p. 282.

[41] Il faut toutefois préciser que les cas d'inexécution, si on prend la C.I.J., sont particulièrement rares. Mais leur rareté signifie également que des cas d'inexécution se sont produits, concernant les États-Unis avec l'arrêt Avena ou l'affaire des activités militaires et paramilitaires au Nicaragua et contre celui-ci.

[42] Sur la « mode » de l'éthique, cf J. EL AHDAB, *op. cit.*, note 14, p. 19 ; P. TERCIER, *op. cit.*, note 13, p. 17.

[43] En 1967, Thomas Franck appelait à l'élaboration d'un code de conduite qui consacrait l'impartialité de manière générale, en dépit des différences d'idéologies et de cultures juridiques, voir T. FRANCK, « Some Psychological Factors in International Third-Party Decision Making », *Stanford Law Review*, Vol. 19, n°6, 1967, pp. 1236-1247.

astreignant les juges au respect de certaines conduites, et à la fois comme un moyen, pour les juridictions, de renforcer l'autorité de leurs décisions en montrant aux différents acteurs que le jugement est incontestable. Toutefois, si la vision d'une éthique globale des juridictions est aujourd'hui un lieu commun, les différents acteurs intervenant au cours des instances ne disposent pas tous du même niveau d'exigence éthique. Et c'est là le paradoxe éthique qui méritera d'être examiné, en s'interrogeant sur son adaptabilité. Mériterait-elle alors d'être une notion universelle, s'appliquant de manière consensuelle aux différents acteurs juridictionnels ?

Répondre à cette question, c'est d'abord mettre le doigt sur son adaptabilité. L'éthique n'est pas une notion polysémique, puisqu'y est attaché un sens commun censé participer du même objectif. Mais les implications en découlant sont en revanche fortement diversifiées. Tel un caméléon, l'éthique a su s'adapter à son environnement, en étant capable de changer de couleur pour satisfaire aux divergences d'intérêts. Son développement s'est alors diversifié selon les juridictions concernées, et selon les acteurs de justice y officiant. Il conviendra alors d'identifier les règles gouvernant la conduite de ces acteurs (Chapitre 1). Toutefois, et c'est là qu'on retrouve cet « objectif commun » ; qu'elle soit impulsée par les États ou par les professionnels de justice eux-mêmes, la fonction est toujours la même : assurer la confiance de la société internationale dans une justice profitant à tous. Plus qu'ailleurs, car bien plus récente et nécessairement sujette aux feux politiques, la Justice internationale doit inspirer un sentiment de confiance. Un fonctionnement sans éthique semble ainsi difficilement envisageable tant la légitimité des décisions de justice et leur compréhension sereine est nécessaire pour que les juridictions perdurent. Cette légitimité passe avant tout par la façon dont les acteurs réceptionnent les règles éthiques, donc par leurs conséquences sur le comportement adopté par les gens de Justice internationale (Chapitre 2).

Chapitre 1 : L'identification des règles éthiques gouvernant la conduite des gens de Justice internationale

L'identification des règles éthiques n'est pas chose aisée, tant leur diffusion empêche de les examiner d'un point de vue global. Nulle convention internationale en matière d'éthique des juges, avocats ou arbitres n'a fait son apparition. Et ce n'est pas derrière l'argument de la modernité de la notion qu'on peut y trouver l'explication d'un manque de centralisation, mais plutôt en raison d'une nécessaire adaptabilité des règles en fonction des juridictions et des acteurs auxquels elles se destinent. Les centraliser en les harmonisant paraît constituer un travail homérique en l'état actuel des différences d'appréhension du comportement éthique des gens de Justice internationale. L'approche se différencie nécessairement qu'on soit du côté des « décideurs » ou magistrats (I), ou qu'on soit du côté des auxiliaires de justice, ceux-là mêmes qui font vivre le procès (II). Effectivement, le rôle qui leur est assigné se distingue nettement de celui des juges et arbitres, entraînant dans cette distinction celle sur-jacente des règles éthiques régulant leur comportement.

Section 1. Les règles éthiques applicables aux magistrats : les juges et arbitres[44]

L'approche systémique est tout à fait nécessaire pour distinguer les règles éthiques applicables aux juges et arbitres. Si l'arbitrage international tend à se juridictionnaliser[45], la raison d'être des juridictions et des arbitres se distingue toujours nettement[46]. L'arbitrage allie discrétion, efficacité et rapidité, et reste le procédé de résolution des litiges le plus respectueux de la souveraineté des parties. Cette considération nous éclaire sur la façon dont les règles éthiques vont s'imposer aux juges et arbitres, la juridictionnalisation de l'arbitrage n'allant jusqu'à faire des arbitres des juges à part entière. Un *distinguo* peut donc être effectué. Il apparaît clairement que les règles éthiques

---

[44] Sur cette analogie redoutée de l'arbitre au magistrat, v. TGI de Lyon, 25 janvier 1994, *Revue de l'arbitrage*, 1994, n°3, p. 525, note M.C. Rondeau-Rivier : « L'arbitre est un juge, l'acte qu'il fait a la même nature juridique que le jugement. » ; C. JARROSSON, *La notion d'arbitrage*, LGDJ, Paris, 1987, p. 103 : « l'arbitre est le juge normal des relations commerciales ; en tout cas un juge des relations commerciales et peut-être le juge normal des relations commerciales internationales. » ; L. MARQUIS, « La notion d'arbitrage commercial international en droit québécois », *Revue de droit de McGill*, Vol. 37, 1992, p. 455 : « La mission de l'arbitre s'assimile à celle d'un juge. Elle est, autrement dit, juridictionnelle » ; G. CORNU, « Le décret du 14 mai 1980 relatif à l'arbitrage. Présentation de la réforme », *Revue de l'arbitrage*, 1980, p. 585 : « L'arbitre est un juge, comme un juge de la juridiction de l'État » ; H. MOTULSKY, *Écrits. Études et notes sur l'arbitrage*, Dalloz, Paris, 1994, p. 6 : « L'arbitrage s'est créé {…} afin de trancher des différends : la mission de l'arbitre est exactement la même que celle d'un juge ».

[45] P. TERCIER, *op. cit.*, note 13, p. 21 : « Il est incontesté que les arbitres ont une activité juridictionnelle. Les décisions qu'ils sont appelés à rendre sont assimilées totalement à des jugements étatiques puisqu'elles mettent fin définitivement au litige et qu'elles sont exécutoires tout comme les jugements ».

[46] Sur la distinction entre juges et arbitres, v. H. GABRIEL and A.H. RAYMOND, « Ethic for Commercial Arbitrators: Basic Principles and Emerging Standards », *Wyoming L. Rev.*, vol. 5, n° 2, 2005, pp. 453-470 : « Because the role of arbitrator, in contrast with that of a jurist, revolves around the wishes of the parties. Arbitrators are not judges ».

irriguant le comportement des juges ne peuvent être envisagées globalement, tant d'un point de vue numérique que substantiel, et doivent être distinguées selon que le contentieux n'implique que des États ou au moins un individu (I). En revanche, les arbitres, malgré la différence d'institutions dans lesquelles ils officient, possèdent des règles éthiques fortement semblables (II). Déjà, un constat émerge : de par son caractère parfaitement volontariste, l'arbitrage serait alors le lieu privilégié d'une réception des règles éthiques.

I. Les règles éthiques des juges : une approche différenciée selon l'objet du contentieux

Il est aisément admis que les juridictions internationales dépendent « on public faith on their judges to inspire confidence in court decisions and in the judicial system more generally »[47]. La fondamentalité de la confiance qui doit être placée dans l'action judiciaire impliquait alors que le juge se voit imposer un carcan éthique, composé de règles tendant au respect de son indépendance et impartialité. Comme l'affirmait le juge Manfred Lachs en 1986, « [a] judge, as needs no emphasis, is bound to be impartial, objective, detached, disinterested and unbiassed »[48]. Ces règles, qu'on désignera d'éthiques, dépendent du contexte dans lequel les juridictions furent instaurées, en même temps qu'elles témoignent des préoccupations éthiques des rédacteurs des statuts ou des justiciables ayant vocation à régler leurs différends devant la juridiction. De cette analyse des différents textes provient le panorama des règles éthiques s'appliquant aux juges, qu'on peut ici séparer selon le type de contentieux dans lequel ils interviennent. Il apparaît alors que la place des règles éthiques est réduite en matière de contentieux

[47] L. SWIGART, « The National Judge : Some Reflections on Diversity in International Courts and Tribunals », *McGeorge L. Rev.*, n° 42, p. 223.
[48] Court's report, 1986, p. 158, cité *in* S. ROSENNE, *The World Court What It Is and how It Works*, Martinus Nijhoff Publishers, Dordrecht, Boston, London, 4e édition, 1989, p. 51.

inter-étatiques (A), alors qu'elle est beaucoup plus importante lorsque le contentieux touche à « l'humain » (B).

A) La place réduite des règles éthiques dans les contentieux inter-étatiques

Une précision est nécessaire à l'étude des règles éthiques dans les contentieux inter-étatiques. Ce type de contentieux, comme son nom l'indique, implique que les États soient les seuls capables de porter leur différend devant le prétoire de la juridiction concernée. Seront ainsi envisagés la C.I.J., l'O.R.D.O.M.C. et le T.I.D.M.[49]. Et c'est à l'occasion de l'examen de leurs statuts constitutifs que le panorama éthique se dessine. Celui-ci semble se décliner de la même façon dans les trois cas, en rappelant la fondamentalité des principes directeurs d'indépendance et d'impartialité guidant les juges de leur désignation à l'exercice concret de leurs fonctions (1). Ces grands principes sont ensuite précisés par des engrenages de règles, procédures et méthodes, s'actionnant ensemble pour former un corps de règles éthiques garantissant lesdites indépendance et impartialité des juges inter-étatiques (2).

---

[49] Si la C.I.J. et l'O.R.D. ne peuvent être saisis que par des États, le T.I.D.M. peut aussi bien être saisi par une « entité autre que les États parties ». Pour autant, après étude des affaires inscrites au rôle ou qui ont déjà été jugées, il apparaît qu'une seule fois une entité non-étatique ait fait appel à la Cour, dans le cadre d'une procédure de demande d'avis consultatif (la Commission sous-régionale des pêches, saisissant le T.I.D.M. d'une demande d'avis le 27 mars 2013). Toutes les autres affaires, contentieuses et consultatives, concernent deux États. Sans vraiment porter atteinte à la notion de « contentieux inter-étatiques », il est alors possible d'examiner les règles éthiques des juges du T.I.D.M. dans une section commune avec la C.I.J et l'O.R.D.

1. Des règles essentiellement perceptibles lors de la désignation du « candidat idéal »

Les statuts fondateurs des juridictions internationales sont le fruit d'une maturation progressive des consciences et des relations entre États, qui estimèrent que le recours juridictionnel renforcerait leur souveraineté respective. Cette conscience fut retranscrite dans des textes fondateurs à travers la confiance qu'ils instaurèrent dans les juridictions. La création d'une juridiction internationale est indubitablement un « acte politique par excellence »[50] et les États ne s'engagent dans ce processus politique que s'ils ont confiance dans la juridiction qu'ils créent. Dès 1964, Wilfred Jenks admettait, à propos de cette confiance si déterminante, que : *« [t]he essence of the question is confidence ; confidence in the stability and adequacy of the law, and confidence in the integrity and predictability of the courts and tribunals administering the law »*[51]. Il fallait donc nécessairement qu'un sentiment d'espérance réciproque s'ancre dans la juridiction, à travers son traité fondateur. Les concepts d'indépendance et d'impartialité de la juridiction et des juges la composant sont les mentions qui ont été trouvées pour retranscrire le respect et la garantie d'une confiance renouvelée, et la désignation des juges apparut comme le moment où l'indépendance devait de prime abord se matérialiser. En tout état de cause, l'indépendance et l'impartialité sont des notions si difficilement distinguables « qu'on finit par les coudre dans le même sac »[52]. Certains juges, comme le juge Guillaume,

---

[50] J-M SOREL, « Les juridictions internationales : un ensemble hétérogène et partiel », *in* « À quoi sert le droit international ? », *Questions internationales*, La documentation française, n° 49, 2011, p. 77.

[51] W. JENKS, *The Prospects of International Adjudication* 1 (1964), p. 101, cité *in* L. GROSS, « The International Court of Justice : Consideration of Requirements for Enhancing its Rôle in the International Legal Order », *AJIL*, 1971, Vol. 65, Issue 2, pp. 253-326.

[52] C. SANTULLI, « Trois observations sur l'indépendance et l'impartialité des juridictions internationales », *in* H. RUIZ FABRI / J-M SOREL (dir.), *Indépendance et impartialité des juges internationaux*, Paris, Pedone, pp. 225-232, p. 225.

refusent de les distinguer. Carlo Santulli s'est essayé à cet exercice de définition et en a conclu que l'indépendance entendait « affranchir son bénéficiaire des liens avec des institutions ou avec des États »[53] alors que l'impartialité « se manifeste essentiellement dans le domaine des voies de recours »[54] et signifie ainsi que le juge ne doit pas déjà avoir jugé de l'affaire ou avoir des préjugés. En dépit de ces différences, il sera possible de les fondre dans un système plus global puisqu'il s'agit avant tout d'étudier les règles éthiques tendant à assurer le respect de ces deux principes. Alors, si toutes les juridictions inter-étatiques possèdent des statuts n'omettant pas de préciser toute l'importance de juges indépendants et impartiaux, des critères furent insérés dans les statuts et règlements des juridictions inter-étatiques, ne prenant pas forcément la même forme et le même contenu sémantique mais possédant nécessairement un objectif commun : établir un modèle « type » de candidat idéal possédant toutes les garanties d'indépendance et d'impartialité propices à une justice de qualité [55]. Ce sont justement ces règles, gouvernant la désignation des juges en leur imposant des standards moraux, qui peuvent être désignées de règles éthiques. Au-delà des exigences de langue[56], deux critères ressortent particulièrement des différents textes fondateurs des juridictions : l'exigence d'une haute stature morale et d'une compétence accrue chez le

---

[53] *Ibid*, p. 226.

[54] *Ibid*, p. 227.

[55] cf S. SZUREK, « La composition des juridictions internationales permanentes: de nouvelles exigences de qualité et de représentativité », *AFDI*, vol. 56, n°56, 2010, p. 46, qui rappelle qu'en dépit des différences sémantiques des articles dans les statuts des juridictions, une idée commune est véhiculée par ces dispositions : « l'établissement « d'une sorte de « profil-type » de carrière professionnelle, faite de probité, de respect général par les pairs notamment, de réputation au-dessus de tout soupçon, preuves d'un comportement constant d'impartialité et d'intégrité ».

[56] cf G. GUILLAUME, « La justice internationale à l'aube du XXIe siècle », Conférence faite à l'Institut du droit de la paix et du développement, 3 novembre 2004, *Perspectives internationales et européennes*, n° 1, Ouverture, p 6, <http://revel.unice.fr/pie/index.html?id=33> (consulté le 04-05-2019), où le juge Guillaume rappelle que la maîtrise des langues de travail est une condition importante de la qualité de la justice.

candidat. La stature morale du candidat est aussi bien requise dans le statut de la C.I.J. à l'article 2 qui parle de « haute considération morale », que dans celui du T.I.D.M., ayant une préférence non pas pour les personnes de morale mais pour celles « jouissant de la plus haute réputation d'impartialité et d'intégrité » (article 2). C'est bien la première règle éthique des statuts des juridictions, dont l'importance est absolument fondamentale puisqu'elle conditionne tout le comportement futur du membre désigné. L'intérêt de ces dispositions est alors évident, tant la stature morale des juges accompagnera la juridiction d'une confiance renouvelée et profitera même personnellement aux États membres. En effet, chaque État partie au Statut pourrait être amené devant la Cour en tant que demandeur ou défendeur, et a tout intérêt à ce que les juges possèdent des valeurs morales et soient éloignés des intérêts catégoriels des plaideurs. On peut alors s'étonner de l'absence de telles règles dans le mémorandum d'accord sur les règles et procédures régissant le règlement des différends. Ce texte fondateur de la compétence de l'Organe de règlement des différends de l'OMC ne fait pas mention *expressis verbis* de la morale ou la probité des membres des groupes spéciaux ou de l'organe d'appel, mais bien de l'indépendance des membres composant les groupes spéciaux [57]. Si les règles éthiques n'expriment donc pas littéralement les mêmes exigences, le processus de sélection et de désignation des juges ou des membres gravite autour d'une seule et même idée : la juridiction ne pourra fonctionner que si ces membres sont indépendants, de par leur haute moralité.

Après la stature morale, l'exigence de compétences spécifiques est la deuxième facette de l'éthique apparaissant au moment de la désignation des membres des juridictions inter-étatiques. C'est là que les règles sont les plus abondantes. L'article 2 du Statut de la C.I.J. exige des candidats « les

[57] Article 8(2) du MARD : « Les membres des groupes spéciaux devraient être choisis de façon à assurer l'indépendance des membres, la participation de personnes d'origines et de formations suffisamment diverses, ainsi qu'un large éventail d'expérience. ».

conditions requises pour l'exercice, dans leurs pays respectifs, des plus hautes fonctions judiciaires, ou qui sont des jurisconsultes possédant une compétence notoire en droit international ». Cette disposition prend en quelque sorte le relais d'une moralité exigée en amont, en la confortant par des critères relatifs à la carrière et à la connaissance du droit dans lequel s'inscrit la juridiction. La mention des « jurisconsultes » est également à souligner, puisqu'aucune condition de ce type n'est présente dans le statut du T.I.D.M., qui se contente de retenir des candidats possédant des « compétences notoires dans le domaine du droit de la mer »[58] (article 2 § 1er du statut). Ces quelques règles éthiques relèvent plus du symbole que d'autre chose, en souhaitant montrer aux États qu'ils seront jugés par des professionnels du droit possédant toutes les compétences requises et une carrière qui ne laisse présager aucun doute sur leur aptitude à régler des différends juridiques. Si le regard se déplace vers l'O.R.D., le symbole de la connaissance du « droit international général » ou du « droit de la mer » laisse place à des exigences de compétences techniques beaucoup plus spécifiques, tenant compte des Accords instituant l'OMC et de la difficulté d'appréhension des différends économiques. Pour les membres des groupes spéciaux, l'article 8(1) du MARD précise que « les groupes spéciaux seront composés de personnes très qualifiées ». La suite de la disposition est longue et passe en revue tout un nombre de conditions permettant d'attester de cette « qualification », conditions étant essentiellement rattachées à la connaissance des accords de commerce fondamentaux. Plus surprenant, il est également précisé que cette haute qualification pourrait être trouvée dans des personnes « qui ont enseigné le droit ou la politique commerciale internationale ou publié des ouvrages dans ces

[58] Peut-être que cette disposition exprime la réception des critiques, principalement doctrinales, par le T.I.D.M. du manque de latitude évident du terme « jurisconsultes » dans la sélection des juges. V. S. SZUREK, *op. cit.*, note 55, p. 47, où il est relevé qu'une telle exigence « limite mécaniquement le choix des candidats, et prive sans doute la juridiction d'un minimum de diversité dans l'approche intellectuelle des questions et plus encore de l'expérience internationale qu'ont à leur actif les jurisconsultes notoirement connus. ».

domaines, ou qui ont été responsables de la politique commerciale d'un Membre ». Contrairement à la C.I.J. où il est fait mention des « jurisconsultes », le mémorandum se distingue nettement en n'astreignant pas l'éthique de la désignation aux seuls spécialistes du droit, mais en l'élargissant aux compétences diplomatiques[59] et universitaires. Il est d'ailleurs intéressant de noter que le mémorandum met l'accent sur l'absence de caractère cumulatif des compétences. Un membre d'un groupe spécial peut soit avoir démontré sa compétence en ayant déjà été membre d'un groupe spécial, en ayant une compétence universitaire reconnue ou encore une expérience diplomatique. Pour l'OA, la conception diffère. Le caractère alternatif est supplanté par l'exigence d'un cumul de « leur connaissance du droit, du commerce international et des questions relevant des accords visés en général »[60]. Ce témoin d'une exigence éthique renforcée de l'OA est somme toute assez logique, compte tenu de la permanence de cet organe.

Ces quelques dispositions permettent de dessiner l'ébauche d'un premier panorama des règles éthiques gouvernant les juges inter-étatiques. La désignation, peu importe la juridiction, est le lieu privilégié de manifestation de ces règles, puisque chaque statut prend le soin d'accorder une place aux considérations morales et aux compétences exigées pour que l'instance juridictionnelle puisse fonctionner en toute quiétude. L'exercice ultérieur des fonctions des juges se réalise ainsi en accord avec les principes directeurs d'indépendance et d'impartialité, dont les facettes sont multiples et se matérialisent autour de règles destinées à en garantir le respect. Considérant d'ailleurs que ces quelques règles suffisent, la C.I.J. et le T.I.D.M. ne se sont pas dotés d'autres règles, contrairement à

[59] Cette information peut toutefois être relativisée, compte tenu du mode de présentation des candidats au poste de juge à la C.I.J. Les candidatures françaises sont arrêtées par le groupe français à la C.P.A. qui propose à chaque fois comme candidat français le directeur des affaires juridique du MAE. Dans ce cas, on ne peut parler de véritable jurisconsulte au sens premier du terme, qui tendrait à plutôt désigner des magistrats, mais bien de personnes rassemblant à la fois des compétences juridiques et diplomatiques.
[60] Article 17(3) du MARD.

l'O.R.D.O.M.C., qui semble manifester un intérêt proéminent pour l'éthique en ayant adopté des règles de conduite postérieurement au mémorandum[61].

2. *Le rôle des règles éthiques : garantir le respect des principes directeurs d'indépendance et d'impartialité*

Selon Herman Mosler, les caractéristiques d'une juridiction internationale tiennent à sa mise en place par un traité international, à l'indépendance des juges, garantie même de l'impartialité de leurs décisions, à l'objectivité des règles sur lesquelles les juges doivent se fonder et à l'égalité procédurale entre les parties[62]. L'indépendance des juges serait donc consubstantielle à la création et au fonctionnement serein d'une juridiction internationale. Telle affirmation est forcément soutenue par l'article 10 de la DUDH[63] faisant de l'indépendance et de l'impartialité d'une juridiction, et d'une manière sous-jacente de l'indépendance et de l'impartialité des juges la composant, le principe fondamental du droit à un procès équitable. Les rédacteurs des statuts fondateurs des juridictions inter-étatiques étant conscients de l'importance qu'ils devaient accorder à ces notions, nombreuses sont les règles et procédures qui furent établies pour garantir et préserver l'indépendance et l'impartialité des juges. Ce sont ces règles qui se verront qualifier d'éthique, puisqu'instituées pour garantir l'un des

---

[61] Règles de conduite relatives au mémorandum d'accord sur les règles et procédures régissant le règlement des différends, WT/DSB/RC/1, 11 décembre 1996.

[62] H. MOSLER, « Judgments of International Courts and Tribunals », *in* R. BERNHARDT, *Encyclopedia of Public International Law*, North Holland, New York, 1981, 224 p., p. 111.

[63] Article 10 de la DUDH : « Toute personne a droit, en pleine égalité, à ce que sa cause soit entendue équitablement et publiquement par un tribunal indépendant et impartial, qui décidera, soit de ses droits et obligations, soit du bien-fondé de toute accusation en matière pénale dirigée contre elle ».

droits les plus fondamentaux de toute société humaine : le droit à un procès équitable. L'Institut du droit international, lors de sa session de Rhodes en 2011[64], a parfaitement saisi sur le vif ces quelques règles, qui apparaissent comme étant essentiellement statutaires. Sont désignées les règles de durée des mandats, mais également celles organisant les incompatibilités, les privilèges et immunités ou encore les conditions de rémunération. Il ressort de l'inventaire de ces règles une grande similitude entre les statuts de la C.I.J. et du T.I.D.M., possédant tous deux des règles d'incompatibilité[65], des règles de privilèges et d'immunités[66], et des dispositions concernant la rémunération[67]. Ces dispositions ne marquent pas par leur différenciation. Ce sont des standards communs aux juridictions, les dispositions de base tendant à participer de l'indépendance et de l'impartialité des juges. L'originalité réside beaucoup plus dans la durée des mandats. Elle est, pour la C.I.J., de neuf ans (article 2), étant entendu que les juges sont renouvelables par tiers tous les 3 ans et que le mandat est renouvelable (article 13§1). Une nouvelle fois, le T.I.D.M. s'est calqué sur ces dispositions en reprenant les mêmes exigences temporelles de durée et de réélection (article 5§1 du Statut). Félicitant cette durée du mandat de 9 ans, et la tendance à l'allongement général des mandats, l'IDI préconisait en 2011 « qu'aucun mandat ne soit inférieur à cinq ans »[68]. Celui-ci rappelait en effet que « la doctrine est généralement favorable à des mandats de longue durée qui lui semblent mieux assurer l'indépendance des juges » [69]. Gilbert Guillaume, rédacteur de la partie de la résolution sur la sélection des juges, aimait à rappeler que l'idée d'un mandat à vie avait d'ailleurs

---

[64] Institut de Droit international, Session de Rhodes 2011, 6ème Commission, « La situation du juge international », *Ann. IDI*, Vol. 74, Éditions Pedone, I Travaux préparatoires, Rapport Gilbert Guillaume pp. 2-38 ; II Projet de Résolution, pp. 39-41. I Rapport, § 7, p. 4

[65] Articles 16 et 17 du Statut de la C.I.J. et article 7 du Statut du T.I.D.M.

[66] Article 19 du Statut de la C.I.J. et article 10 du statut du T.I.D.M.

[67] Article 32 du Statut de la C.I.J. et article 18 du statut du T.I.D.M.

[68] IDI, Résolution, *op. cit.*, note 64, point II, 2.

[69] *Ibid.*

été évoquée lors de l'élaboration du statut de la C.P.J.I.[70]. Est-ce donc une surprise, une fragilisation de l'indépendance que pour l'O.R.D.O.M.C., le mémorandum ne prévoit qu'un mandat de 4 ans et qu'un seul renouvellement pour les membres permanents de l'OA[71] ? Il faut tenir compte de la grande spécificité de cet « organe juridictionnel » puisque le guide sur le système de règlement des différends de l'OMC rappelle que « théoriquement, siéger à l'Organe d'appel n'est qu'une occupation à temps partiel »[72]. Même si de l'avis des rédacteurs du guide, la possibilité de mener d'autres activités professionnelles est limitée au regard de la charge de travail de l'OA, on comprend bien la réduction du mandat à 4 années par rapport au « modèle de droit commun » des juridictions inter-étatiques, la continuation d'une activité professionnelle appelant un brassage plus fréquent. Ainsi, ces règles éthiques relatives au mandat tiennent compte des spécificités de chaque juridiction. Le constat peut ensuite être généralisé à l'ensemble des autres règles éthiques lorsque le regard se tourne vers l'O.R.D.O.M.C.

L'OMC, connaissant le particularisme des différends économiques et les risques démultipliés de conflits d'intérêts touchant les membres des groupes spéciaux ou de l'OA, a jugé bon d'étendre le contenu des règles éthiques en matière d'indépendance et d'impartialité, et donc à ne pas se limiter aux concepts directeurs mentionnés dans le mémorandum. Effectivement, des règles de conduite relatives au MARD, adoptées en 1996, prennent le relais du mémorandum sur les questions d'indépendance et d'impartialité, qui n'étaient abordées que pour rappeler que les membres devaient être indépendants, donc sans poser des règles et mécanismes appelant à respecter ces principes. Toujours dans un objectif « d'accroitre la confiance dans le nouveau mécanisme de

[70] *Ibid.*

[71] Article 17(2) du MARD.

[72] Guide sur le système de règlement des différends de l'OMC, Deuxième édition, Présenté par la Division des affaires juridiques et la Division des règles du Secrétariat de l'OMC, ainsi que le Secrétariat de l'Organe d'appel, 2018, p. 38.

règlement des différends », ces règles de conduite entendent « préserver l'intégrité, l'impartialité et la confidentialité des procédures menées conformément au Mémorandum d'accord ». De nombreuses dispositions concernent la confidentialité des procédures ou la prévention des conflits d'intérêts. Et c'est précisément là qu'on retrouve les fameuses incompatibilités, inscrites d'une tout autre manière. L'O.R.D.O.M.C. n'a pas la même vision que la C.I.J. ou le T.I.D.M. sur le sujet, puisque permettant à ses membres de conserver des fonctions professionnelles proches de l'activité de la Cour, tout en encadrant strictement les risques de conflits d'intérêts en règlementant les relations « susceptibles d'influer sur son indépendance ou son impartialité ou de soulever des doutes sérieux sur celles-ci »[73]. Les rédacteurs ont donc fait le choix de ne pas fondre les règles éthiques dans le mémorandum déterminant la procédure de règlement des différends, mais bien d'en constituer un *corpus* à part, donnant une solennité renforcée aux garanties d'indépendance. Toutefois, cela ne saurait témoigner nécessairement d'un intérêt plus grand de l'OMC pour l'éthique au sens général du terme, mais d'une prise en compte des spécificités des différends économiques. Ces différends, couplés à l'activité non exclusive des membres au sein de l'OA, nécessitaient l'émergence d'une mosaïque plus vaste de règles tendant à assurer la confidentialité et la prévention des conflits d'intérêts.

Ce modèle préconisé par l'OMC, consistant en l'adoption postérieure de règles éthiques dans un document distinct du texte principal, se rapproche en la matière des juridictions ayant à juger d'affaires impliquant un individu. Le regard se déplace ici vers les juridictions pénales et les juridictions des droits de l'homme. La place des individus au sein de ces contentieux n'y est en effet sûrement pas étrangère puisqu'étant les destinataires privilégiés du droit à un procès

[73] Règles de conduite relatives au mémorandum d'accord sur les règles et procédures régissant le règlement des différends, *op. cit.*, note 61, point III, 2.

équitable, constituant autant un droit fondamental européen[74] qu'un droit constitutionnellement reconnu en France[75]. Les juridictions pénales internationales et des droits de l'homme ont ainsi souhaité donner plus de visibilité à l'éthique des juges en développant une multitude de règles expresses.

B) La visibilité renforcée des règles éthiques dans les contentieux impliquant un individu

En 1999, la CourEDH, saisi par Mladen Naletilic sur le manque d'indépendance et d'impartialité du T.P.I.Y. l'ayant condamné, a considéré que « l'intéressé a été livré à un tribunal international qui présente toutes les garanties nécessaires, y compris celles d'indépendance et d'impartialité, comme le montre la teneur de son statut et de son règlement de procédure »[76]. Le raccourci est dès lors aisé. Si c'est la CourEDH qui le dit, la teneur du Statut et du Règlement de procédure suffisent à établir l'indépendance et l'impartialité d'une juridiction. L'étude desdits textes concernera les juridictions continentales des droits de l'homme et la C.P.I., seule juridiction pénale à caractère universelle. Or, le panorama est ici reluisant, tant les règles éthiques sont nombreuses et laissent présager d'une indépendance renforcée (A). Les règles expresses gouvernant la conduite des juges attestent de ce

---

[74] Article 6(1) de la CEDH : « Toute personne a droit à ce que sa cause soit entendue équitablement, publiquement et dans un délai raisonnable, par un tribunal indépendant et impartial, établi par la loi, qui décidera, soit des contestations sur ses droits et obligations de caractère civil, soit du bien-fondé de toute accusation en matière pénale dirigée contre elle ».

[75] Le droit au procès équitable ou celui d'une procédure juste et équitable ne résulte expressément d'aucun des textes dont le Conseil constitutionnel assure la garantie. Le Conseil constitutionnel s'est en réalité fondé sur la DDHC de 1789 pour y rattacher un certain nombre de dispositions éparses (Art. 2, 6, 7, 8, 9 DDHC, art. 64 et 66 de la Constitution, plusieurs « principes fondamentaux reconnus par les lois de la République ») dont résultent différents droits qui sont garantis au titre du procès équitable tel qu'il est entendu par l'article 6 de la CEDH.

[76] CourEDH, Natelitic c/ Croatie, Req. n°51891/99, 4 mai 2000.

renforcement, et laissent entrevoir un véritable maillage éthique enserrant le juge dans son comportement (B).

1. Des garanties statutaires d'indépendance et d'impartialité confortées dans les textes fondateurs

De toute évidence, le corps même des textes régulant les juridictions en cause semble contenir plus de règles éthiques que ceux des juridictions inter-étatiques. Ce constat est aisément vérifiable pour le Statut de Rome, et n'est absolument pas surprenant tant ses rédacteurs ont voulu faire de l'indépendance de la Cour son cheval de bataille pour qu'elle puisse valablement fonctionner. Ainsi, il est rappelé à l'article 36 que « les juges sont choisis parmi des personnes jouissant d'une haute considération morale, connues pour leur impartialité et leur intégrité ». Les règles éthiques vont même jusqu'à s'insérer dans le titre de l'article 40, s'intitulant « Indépendance des juges ». Du cadre éthique formé par ces deux articles ressort tout particulièrement l'un des régimes d'incompatibilité les plus ambivalents. On peut ainsi voir à l'article 40(2) que « les juges n'exercent aucune activité qui pourrait être incompatible avec leurs fonctions judiciaires ou faire douter de leur indépendance » et à l'article 40(3) que « les juges tenus d'exercer leurs fonctions à plein temps au siège de la Cour ne doivent se livrer à aucune autre activité de caractère professionnel ». Si le Statut de la C.I.J., du T.I.D.M. et de l'O.R.D.O.M.C. posaient des incompatibilités relatives puisque n'interdisant pas strictement l'exercice d'une autre fonction professionnelle, le Statut de Rome semble accentuer fermement ce régime en interdisant purement et simplement le cumul des fonctions de juge à plein temps et d'autres activités professionnelles. Toutefois, ce durcissement n'est qu'une façade. En réalité, contrairement à l'article 16 du Statut de la C.I.J., le Statut de Rome n'interdit pas à un juge de mener en parallèle des activités de type politique ou administrative, puisqu'est bien usitée l'expression « de caractère professionnel »[77]. Le régime d'incompatibilité mis en place par le Statut de Rome est donc à la fois plus strict quand il s'agit d'activités professionnelles, mais plus souple en permettant aux juges de mener d'autres activités politiques ou administratives.

La CEDH est plus avare sur ces questions, et les règles éthiques se contentent dans un premier temps de rappeler l'exigence d'une stature morale des juges (article 21), pour ensuite poser un régime d'incompatibilité moins absolu en interdisant une « activité incompatible avec les exigences d'indépendance, d'impartialité ou de disponibilité requise par une activité exercée à plein temps ». Ne sont donc pas interdites toutes les activités professionnelles, contrairement au Statut de Rome qui semble considérer pour sa part que toute autre activité professionnelle serait quoiqu'il arrive une potentielle atteinte à l'indépendance des juges, signe une nouvelle fois d'une frénésie d'indépendance des rédacteurs du Statut de la Cour. Si les règles éthiques ne font pas l'éloge de l'indépendance et de l'impartialité de par leur présence, il est quand même notable que ces deux concepts directeurs soient consacrés dans les instruments internationaux les plus fondamentaux en matière de droits de l'homme, dont la CEDH. L'Assemblée parlementaire du Conseil de l'Europe se plaît d'ailleurs à rappeler la fondamentalité de ces concepts, en affirmant par exemple en 2004 que « l'indépendance de la magistrature est indispensable à la protection des droits de l'homme et des libertés fondamentales »[78]. La CEDH fait ainsi de l'indépendance et de l'impartialité des concepts directeurs du procès européen en matière de droits de l'homme, et en décuple les garanties en prévoyant par exemple un principe d'irresponsabilité juridique constituant « un élément caractéristique important de l'indépendance individuelle des juges » [79] . Cette place

---

[77] W. BOURDON, E. DUVERGER (dir.), *La Cour pénale internationale. Le statut de Rome*, Éditions Points, 2000, p. 143.

[78] Recommandation 1649 (2004) de l'Assemblée parlementaire du Conseil de l'Europe relative aux candidats à la CourEDH (discussion et texte adopté par l'Assemblée le 30 janvier 2004, lors de la 8ème séance).

[79] H. RUIZ-FABRI, J-M. SOREL (dir.), *Indépendance et impartialité des juges internationaux*, Pedone, Paris, 2010, p. 68.

importante conférée aux concepts directeurs d'indépendance et d'impartialité des juges n'est pas un privilège du système européen de protection des droits de l'homme. Le parallélisme avec le système américain et le système africain laisse apparaître que l'indépendance et l'impartialité des juges sont également consacrées par la Convention américaine relative aux droits de l'homme[80] et la Charte africaine des droits de l'homme et des peuples[81]. De plus, comme pour la CourEDH, les règles éthiques garantissant l'indépendance et l'impartialité se renouvellent de la même manière en étant consacrées dans les instruments suscités et dans les textes constitutifs des juridictions internationales, consacrant *in terminis* l'indépendance et l'impartialité des juges de la Cour africaine de justice et des droits de l'homme[82] et de la Cour interaméricaine des droits de l'homme[83]. Les concepts directeurs, affinés par des règles permettant leur respect, sont donc présents dans le système « mondial » de protection des droits de l'homme. La logique est implacable, tant le paradoxe aurait été grand si ces juridictions n'appliquaient pas les standards d'indépendance et d'impartialité alors même que leurs textes fondateurs rappelaient sans cesse le caractère sacro-saint de ces principes. Toutefois, elles auraient pu, comme l'on fait la C.I.J. et le T.I.D.M., se contenter de proclamer ces concepts directeurs et les quelques règles en garantissant le respect dans le corps de leurs traités fondateurs. Le choix retenu par la CourEDH fut pourtant d'édicter des règles supplémentaires en la matière. Si leur contenu n'apparaît pas forcément renforcé, l'addition de ces règles mises bout à bout laisse se propager le sentiment que le système de protection des droits de l'homme a souhaité tricoter un maillage de normes éthiques s'appliquant aux juges et les plaçant, en théorie, au-delà de tout soupçon.

---

[80] CADH - article 8 §1.

[81] CADHDP - article 7 §1.d et article 26.

[82] Protocole portant statut de la Cour africaine de justice et des droits de l'homme - article 16 (impartialité) et article 17 (indépendance).

[83] Protocole portant statut de la Cour interaméricaine des droits de l'homme - article 11§1 (indépendance et impartialité).

2. *L'existence additionnelle de règles expresses : la formation d'un maillage de normes éthiques*

Comme pour l'O.R.D., des textes supplémentaires spécifiquement dédiés à l'éthique ont été adoptés par certaines des juridictions envisagées. Il convient d'exclure à titre préliminaire celles qui ne se sont pas inscrites dans cette mouvance. Sont visées la Cour interaméricaine des droits de l'homme et la Cour africaine des droits de l'homme et des peuples, qui envisagent l'indépendance et l'impartialité des juges de manière très classique : dans les conventions de protection des droits de l'homme, les statuts fondateurs et les règlements des juridictions. De la même manière que la C.I.J. et l'O.R.D., les règles éthiques sont alors constituées par les quelques dispositions instituant les régimes d'incompatibilité, de durée des mandats, de renouvellement, de compétences techniques, etc. La CourEDH et la C.P.I. se distinguent ici nettement en se rapprochant de la mouvance impulsée par l'O.R.D., qui était celle de l'adoption de textes exclusivement constitués par des règles éthiques, servant de guide à l'intention des juges. Par là sont ainsi désignés le *Code d'éthique judiciaire*[84] adopté par les juges de la C.P.I. et la *Résolution sur l'éthique judiciaire*[85] applicable aux juges de la CourEDH. La lecture de ces deux textes permettra d'éclairer un peu plus le contenu des règles éthiques enserrant les juges. Et c'est bien de cette notion « d'éclairage » dont il est question, tant ces instruments représentent le moyen qu'ont trouvé les juridictions pour donner de la visibilité aux règles éthiques gouvernant la conduite des juges. Le résumé de la Résolution sur l'éthique judiciaire, dont on trouve les quelques lignes sur le site internet de la CourEDH, indique par exemple que « ce texte vise à assurer plus de transparence quant aux obligations qui s'attachent à ces fonctions, et par là même à renforcer la

---

[84] C.P.I., Code d'éthique judiciaire, ICC-BD/02-01-05

[85] CourEDH, Résolution sur l'éthique judiciaire, adoptée par la Cour plénière le 23 juin 2008.

confiance que le public place dans la Cour »[86]. On retrouve toujours cette notion de confiance, gravitant autour des quelques règles assurant l'indépendance et l'impartialité des juges. Le Code d'éthique judiciaire fut adopté trois années auparavant, dans un même objectif de clarté et d'intelligibilité des règles éthiques[87]. La mission était fortement compréhensible, tant l'abondance des règles éthiques dans le Statut de Rome et dans le RPP était perceptible. Les règles étant parfois perdues au milieu d'un RPP extrêmement conséquent, la légitimité de l'adoption d'un texte spécifique gouvernant l'indépendance et l'impartialité des juges paraissait incontestable, toujours dans un objectif de visibilité accrue. Car c'est bien de cela dont il s'agit, et même peut-être uniquement de cela. Les dispositions du Code d'éthique judiciaire, sans toutes les citer, reprennent tout ce qui a déjà été dit dans les autres textes régulateurs de l'activité des juges, exception faite de l'article 9 instituant des règles en matière de liberté d'expression et d'association. Et si le regard se déplace vers la CourEDH, le constat est en tous points semblables. Il est d'ailleurs frappant de noter que le schéma adopté par les deux textes est quasi-identique, en adoptant les mêmes intitulés d'articles et le même contenu. La présence des trois concepts distincts d'indépendance, d'impartialité et d'intégrité est également notable, et leur éclaircissement participe justement de cet objectif de conférer une visibilité accrue aux règles en matière d'éthique des juges. La place des règles éthiques dans ces deux juridictions impressionne donc par sa transparence et témoigne d'un réel intérêt des rédacteurs pour ces quelques règles, qu'ils considèrent comme fondatrices d'une confiance stabilisée envers leurs activités juridictionnelles respectives.

---

[86] Résumé de principe de la résolution sur l'éthique judiciaire, https://www.echr.coe.int/Pages/home.aspx?p=basictexts/complementarytexts&c=fre

[87] On remarquera que cette objectif de clarté, de visibilité fait forcément écho aux très nombreux travaux entamés en France à la même époque sur la légistique, et notamment par le Conseil constitutionnel qui fut beaucoup plus rigoureux dans son appréciation de la clarté et de la visibilité de la production législative.

Ce maillage de normes éthiques n'est toutefois décelable que pour la CourEDH et la C.P.I., fortes d'influences réciproques sur la rédaction des règles additionnelles, et à moindre mesure pour l'O.R.D. qui développa des règles de conduite dont la présence n'est pas à éluder. Les autres juridictions, qu'elles soient spécialisées en matière de droits de l'homme ou inter-étatiques, contiennent toutes également des règles qualifiables d'éthiques, puisque servant à garantir l'indépendance et l'impartialité des juges, mais qui restent cantonnées dans les principaux traités et statuts fondateurs des juridictions. Sans que le constat soit nécessairement péjoratif[88], l'adoption d'une vision globalisante des règles éthiques gouvernant les juges internationaux laisse échapper un constat : si la place accordée à l'éthique est différenciée selon la juridiction en cause, on ne peut réellement être marqué par l'abondance de ces règles. Là où elles sont le plus présentes, les règles éthiques restent en retrait, tout comme les appréciations doctrinales sur le sujet. Le constat tranche avec la multiplicité de ces règles concernant les autres magistrats ; les arbitres. Également décideurs et enserrés dans des procédures qui se juridictionnalisent largement, les règles éthiques arbitrales laissent entrevoir une tout autre conception d'un comportement indépendant et impartial des acteurs en cause.

II. L'abondance des règles éthiques à destination des arbitres

L'éthique ne s'est clairement pas limitée dans son entreprise de « moralisation » des procédures, et son empire peut aussi bien se constater dans le domaine juridictionnel que dans le domaine arbitral. Effectivement, l'arbitrage apparaît même comme étant l'un des lieux privilégiés de l'expression des règles éthiques, car « l'arbitrage se présente comme un lieu de rencontre - de collision devrait-on dire - entre une forme de justice et une activité lucrative {…}. Cette évolution est

[88] V. Chap. 2, Sect. 1, I. B)

susceptible de créer des difficultés nouvelles, notamment des conflits d'intérêts aussi nombreux que variés »[89]. Car c'est bien du lieu privilégié des conflits d'intérêts que l'on parle, l'arbitre étant confronté aux intérêts catégoriels des parties qui se manifestent volontiers dans un cadre si confidentiel par rapport aux modes juridictionnels de règlement des différends. De nombreuses règles éthiques se sont alors développées, qui possèdent leurs spécificités selon le tribunal arbitral concerné. Une idée commune ressort toutefois : le développement des règles fut impulsé par cette nécessité d'endiguer les potentiels conflits d'intérêts, du fait même de la neutralité dont doit faire preuve tout arbitre (A). Cette neutralité arbitrale fit ensuite rejaillir les règles déontologiques, qui prirent l'espace qui leur était présenté par la fonction même d'un arbitre. Par là, il faut comprendre que contrairement au juge, l'arbitre est un décideur qui possède tout à la fois des devoirs juridictionnels, et des devoirs qu'on peut qualifier de contractuels. Cette distinction permet aux règles éthiques de se voir dotées d'un contenu foisonnant (B).

A) Le développement des règles catalysé par « la neutralité de l'arbitrage »

Si la naissance de l'arbitrage peut remonter au traité de Philadelphie en 1794[90], sa forme moderne est issue du traité de Washington de 1871, chargé d'instituer le premier véritable tribunal arbitral dans l'affaire de l'Alabama. Dès ces prémisses, certains principes cardinaux de l'arbitrage furent d'ores et déjà posés, dont la neutralité de l'arbitrage de l'institution constituée spécialement, neutralité qui n'eut cesse de s'affirmer au cours des siècles. Elle s'identifie logiquement à la neutralité des

[89] C. JARROSSON, *op.cit.*, note 3, p. 1.

[90] Aussi appelé « traité Jay » du 19 novembre 1794, il fut signé par la Grande-Bretagne et les États-Unis, et avait pour but que les Américains obtiennent le retrait des Britanniques des forts de l'Ouest et quelques petites concessions commerciales. Il instituait à ce titre trois commissions mixtes, constituant les ancêtres des tribunaux arbitraux.

arbitres composant l'institution, qui feront rejaillir cette image de neutralité plus globale si chère à l'arbitrage (1). Tous les tribunaux et institutions arbitrales n'échappent pas à la règle désormais universelle de neutralité, qui fut le catalyseur certain du développement des règles éthiques adoptées par ces instances (2).

1. Une neutralité rejaillissant sur les membres des institutions d'arbitrage

Selon Charles Jarrosson, « l'une des raisons de la montée en puissance du discours sur l'éthique dans l'arbitrage est le résultat d'un constat : celui de la désillusion au regard des espoirs et de la confiance qui pouvaient être placés dans la morale individuelle »[91]. Le choix des mots n'est évidemment pas le hasard des choses où la volonté d'en aggraver le sens pour justifier le recours aux règles éthiques par les institutions arbitrales. La désillusion est le terme approprié, car la crise de confiance est grande si l'arbitrage venait à fourvoyer l'un de ses principes énoncés dès ses débuts en 1871 ; sa neutralité. La confiance placée dans la morale individuelle fait en effet référence à cette notion de neutralité, qui constitue, au même titre que les principes d'indépendance et d'impartialité, un principe directeur du contentieux arbitral. Maître El Ahdab[92] confirmait ces propos à sa façon en rappelant l'évidence, celle que « l'arbitre est au premier chef concerné par l'éthique : si sa mission même est de juger, la manière – qu'on veut irréprochable – avec laquelle il rend sa sentence est également l'objet de jugements, et pas seulement de la part des parties. A

[91] C. JARROSSON, *op. cit.*, note 3, p. 8.

[92] Jalal El Ahdab est avocat et possède une expérience considérable dans l'arbitrage international puisqu'il représente le Liban à la CNUDCI (UNCITRAL) et est un membre actif de la Chambre de Commerce International (CCI) où il est également membre de la Cour International d'Arbitrage et de la Commission d'Arbitrage. Il est aussi Président de la branche européenne du Chartered Institute of Arbitrators (CIArb) et vice-président de l'IBA Arab Regional Forum.

bien y réfléchir, le devoir éthique des arbitres paraît même inhérent à leur mission juridictionnelle… »[93]. Ce qu'il appelle « l'art moral de juger » revient ainsi pour un arbitre à respecter la mission juridictionnelle qui lui a été assignée, et donc à conserver un comportement neutre et déconnecté des intérêts catégoriels des parties au différend pour que la sentence ne soit pas influencée et emprunte d'une partialité flagrante.

De cette neutralité arbitrale envisagée globalement à l'échelle de l'institution ou du tribunal, il faut encore se demander de quelle manière elle rejaillit sur la neutralité individuelle des arbitres. Cette question implique en réalité de circonscrire le champ de notre étude, pour déterminer à qui s'applique réellement cette éthique dans l'arbitrage. Seront alors qualifiés de règles éthiques les règles et mécanismes garantissant et préservant la neutralité des arbitres. Ainsi, Pierre Tercier [94] rappelle que les règles éthiques applicables aux arbitres visaient « toutes les personnes qui, en cette qualité, sont appelées sur une base privée à trancher définitivement le litige qui leur est soumis. Il faut pour cela qu'elles aient été nommées à cette fin par les parties, par une institution ou par un juge »[95]. Si J. El Ahdab explique que certains bruits de couloirs des tribunaux arbitraux laissaient entendre « qu'un président devrait être 'encore plus' neutre que ses co-arbitres, et mieux rémunéré que ces derniers, notamment parce qu'il serait le principal rédacteur de la sentence » [96], il conviendra d'envisager la neutralité de l'arbitre comme englobant à la fois celle des « simples » arbitres et celle des présidents, cette affirmation ayant été « souvent entendue, jamais écrite »[97]. La neutralité de

[93] J. EL AHDAB, *op. cit.*, note 14, p. 4.

[94] Il est actuellement Président honoraire de la Cour internationale d'arbitrage de la CCI.

[95] P. TERCIER, *op. cit.*, note 13, p. 19.

[96] J. EL AHDAB, *op. cit.*, note 14.

[97] *Ibid.* Il est toutefois tout à fait certain que si de nombreux auteurs insistent principalement sur l'éthique des présidents des tribunaux arbitraux, c'es bien parce que son influence sur la sentence est considérable, notamment quand le tribunal ne comporte que 3 membres. Dans ce cas, à défaut d'unanimité entre

l'arbitre est donc le principe presque sacral de l'arbitrage que la communauté arbitrale a voulu pérenniser en consacrant des règles éthiques destinées à en assurer le respect. C'est ce qui permet, préalablement à son étude détaillée des principes éthiques gouvernant la conduite des arbitres, au Professeur Tercier d'affirmer que « toutes les règles éthiques, quel que soit leur contenant, sont déduites de la finalité de l'activité des arbitres : rendre une sentence aussi juste que possible »[98]. Les règles qui en découlent sont abondantes, témoignant de l'intérêt du sujet lorsque l'éthique touche la communauté arbitrale. En dépit de normes universelles ou compilées dans un texte non sectoriel ou propre à une institution arbitrale, il apparaît alors que de nombreux codes, lignes directrices ou chartes éthiques furent adoptés par de nombreuses institutions soucieuses de garantir la neutralité des arbitres.

2. *Le partage de l'écriture de règles éthiques par les centres d'arbitrage et les associations arbitrales*

Sans originalité par rapport aux juges, si ce n'est l'apparition d'un troisième concept directeur de neutralité, « the ethical obligations to which arbitrators are subject, according to most arbitration legislation, and the regulations established by leading arbitration service providers are based on the aforementioned basic principles of impartiality and independence with, in some cases, the addition of neutrality »[99]. Sans étudier leur contenu, il convient préalablement de constituer une sorte d'inventaire des règles éthiques s'appliquant aux arbitres internationaux. Il semble que la décomposition de ce champ éthique puisse se faire en deux mouvements ; l'un se

---

les deux autres membres, il sera celui qui fera pencher la balance en emportant la décision dans son sens.

[98] P. TERCIER, *op. cit.*, note 13, p. 20.

[99] J-C. FERNANDEZ ROZAS, « Clearer ethics guidelines and comparative standards for arbitrators », in M. A. Fernandez-Ballesteros and D. Arias (éd.), *Liber Amicorum in honour of Bernardo Cremades*, La Ley, Madrid, 2010, 1256 p, p. 415.

matérialisant par l'adoption de règles éthiques par les tribunaux ou les centres d'arbitrage, l'autre par l'adoption de règles provenant cette fois non plus des institutions mais bien d'associations. Ce deuxième mouvement est symptomatique de la spécificité de l'éthique arbitrale, dont les règles affluent de tous les côtés, laissant présager l'existence d'une sorte de course à l'adoption de règles éthiques que les rédacteurs estiment être nécessaires à l'air du temps. Pourront être mentionnés le Code de déontologie de l'ABA publié dès 1977 et révisé en 2004[100], spécifique aux arbitres dans les différends commerciaux, ou encore les lignes directrices de l'IBA sur les conflits d'intérêts dans l'arbitrage international, dont la dernière version fut approuvée en mai 2004[101]. Ces différents textes s'entrecroisent de références mutuelles et confèrent une aide aux « parties, avocats, arbitres et institutions d'arbitrage sur des questions telles que l'impartialité et l'indépendance et d'autres obligations d'arbitrage éthique, notamment la divulgation, la communication, la diligence et la confidentialité » [102] . L'acceptation généralisée de ces règles a d'ailleurs joué un rôle décisif dans la mise en conformité de l'arbitrage mondial, et offert des références de règles solides dont pouvaient grandement s'inspirer les différentes institutions arbitrales pour poser leurs propres règles.

Bien sûr, la C.P.A., instituée depuis la Convention de La Haye sur le règlement pacifique des conflits en 1899, existe depuis bien plus longtemps que l'IBA et l'ABA et a donc posé les premiers jalons éthiques gouvernant les arbitres. Or, l'étude des différents textes encadrant la procédure arbitrale et l'exercice des fonctions des arbitres ne laisse pas apparaître une multitude

---

100 http://www.finra.org/ArbitrationMediation/ResourcesforArbitratorsandMediators/p009525. V. B. Mayerson and J.M. Townsend, « Revised Code of Ethics for Commercial Arbitrators Explained », *Disp. Res. J.*, Vol. 59, n° 1, 2004, http://findarticles.com/p/articles/mi_qa3923/is_200402/ai_n9392136.

101 En 1956 fut établi un Code d'éthique pour les arbitres dans les litiges internationaux, qui fut substantiellement modifié en 1987 et en 2004. V. *Business Law International at BLI*, Vol. 5, n° 3, 2004, pp. 433-458.

102 J-C. FERNANDEZ ROZAS, *op. cit.*, note 99, p. 418.

de règles éthiques. La toute première règle éthique est décelable à l'article 44 de la Convention, selon lequel « chaque Puissance contractante désigne quatre personnes au plus, d'une compétence reconnue dans les questions de droit international, jouissant de la plus haute considération morale et disposées à accepter les fonctions d'arbitre ». Encore une fois, l'exigence d'une haute stature morale est requise, conformément aux règles établies pour les juges internationaux. Et le parallèle ne s'arrête pas là, puisque sont aussi prévues des règles relatives au mandat dans le même article, qui est de six ans, ou encore certaines règles relatives à la constitution du tribunal arbitral en cas de différend. Par exemple, l'article 45 prévoit des règles prévenant le défaut de neutralité de l'arbitre, puisqu'en cas de désaccord sur le choix des arbitres, c'est une puissance tierce qui procédera à la désignation. Ces quelques règles sont ensuite complétées par le Règlement d'arbitrage de la C.P.A., qui date de 2012 dans sa dernière version, et prévoit cette fois, dans un classicisme frappant, des règles relatives aux déclarations solennelles des arbitres[103] et aux procédures de récusation. La place accordée aux règles éthiques par les textes de la C.P.A. étonne donc par son étroitesse, mais trouve peut-être un élément d'explication logique. L'indépendance et l'impartialité des arbitres tendent à être assurées dès le moment où la Cour constitue son pôle d'arbitres, dont les hautes valeurs morales restent en sommeil tant qu'ils ne sont pas désignés. Ce n'est donc qu'au moment de la désignation que ces valeurs se réveilleront mais les règles éthiques permettent d'en assurer le respect bien en amont, au moment de la constitution du groupe d'arbitres. Ces exigences de haute moralité sont également envisagées par la Convention de Washington fondatrice du C.I.R.D.I. Celle-ci, à son article 14(1), rappelle toute l'importance « d'une haute considération morale », que les arbitres possèdent « une compétence reconnue en matière juridique, commerciale, industrielle ou financière »

[103] Si ces règles n'étaient pas invoquées pour les juges, c'est parce que leur solennité perd largement le dessus sur une véritable gouvernance éthique des juges. En tout état de cause, elles sont également présentes pour les juges inter-étatiques et les juges pénaux internationaux et droits de l'hommiste, mais n'ont que peu de portée concrète contrairement aux règles de mandat, d'incompatibilité, etc.

et qu'ils offrent « toute garantie d'indépendance dans l'exercice de leurs fonctions ». Ces quelques exigences éthiques sont ensuite complétées par des règles classiques de récusation. Les travaux les plus fondamentaux en la matière n'ont pas toutefois pas été réalisés par ces deux centres arbitraux mais par la Cour internationale d'arbitrage de la CCI et par la Chambre arbitrale nationale et internationale de Milan, cette dernière ayant tout simplement adopté un code de déontologie « motivé par la volonté d'obtenir l'entier respect des règles déontologiques par ceux qui exercent une activité d'arbitre sous ces auspices »[104]. Ce code contient treize articles, ressemblant dans leur schéma de présentation à ce qui se fait pour les juges de la C.P.I. et de la CourEDH.

Même si la C.P.A. ne possède pas un corpus de règles éthiques remarquable, on ne peut être que frappé par les développements, écrits, et sources sur le développement et l'importance des règles éthiques dans l'arbitrage. Il est certain que les arbitres sont astreints au respect de règles beaucoup plus présentes que celles enserrant les juges. De plus, leur contenu est également étoffé, puisque ce dernier tient compte de la grande spécifique du rôle des arbitres s'écartant de celui des juges en raison du mandat, explicite ou implicite, qui leur est conféré.

B) Le contenu foisonnant des règles éthiques édictées en matière d'arbitrage

S'il est incontesté que les arbitres possèdent une activité juridictionnelle, « il est (presque) aussi incontesté que les arbitres nouent avec les parties une authentique relation contractuelle »[105]. Ce mandat est même décelable pour la

[104] C. GIOVANNUCCI ORLANDI, « L'exemple de la chambre arbitrale nationale et internationale de Milan (Camera arbitrale di Milano) », *in* G. Keutgen, *L'éthique dans l'arbitrage*, Bruylant, Bruxelles, 2011, p. 114.
[105] P. TERCIER, *op. cit.*, note 13, p. 18.

C.P.A., car si le choix des arbitres doit se faire dans le pôle commun à disposition de la Cour, les arbitres ont accepté en amont d'exercer leurs fonctions de manière désintéressée, peu importe, en principe, les parties au différend. Cette relation contractuelle se dessine sous l'angle d'un devoir d'agir dans l'intérêt des deux parties, qui constitue le fondement de la neutralité arbitrale (1). Spécificité de l'arbitrage, cette neutralité se couple ensuite aux principes directeurs plus classiques d'indépendance et d'impartialité, dont émanent de nombreuses règles éthiques au contenu là encore spécifique sur certains aspects (2).

1. Le devoir d'agir dans l'intérêt des deux parties : fondement de la neutralité arbitrale

Se situant dans un espace intermédiaire de résolution des litiges, car en aval de l'échec des processus diplomatiques, et en amont du commencement d'un contentieux juridictionnel, l'arbitrage s'est identifié à cet espace en s'assignant un rôle et des procédures tout à fait spécifiques. Possédant des codes distincts, il fut très vite établi que l'arbitrage ne serait pas guidé par deux mais par trois concepts directeurs. La neutralité exprime ce besoin et les caractéristiques spécifiques de l'arbitrage, en tant qu'elle prend en compte les missions inhérentes à tout arbitre ; celles d'agir dans l'intérêt des deux parties. À titre préliminaire, la neutralité peut ainsi être distinguée brièvement de l'indépendance et de l'impartialité, concepts très souvent utilisés comme des synonymes ou des analogies qu'il convient de fondre dans un même socle. De l'avis de J-C Fernandez Rozas, l'impartialité et l'indépendance se rejoindraient pour renforcer la croyance du public dans des instances arbitrales neutres, neutralité qui serait quant à elle nécessaire pour montrer aux parties qu'un arbitre ne possède pas de préjugements ou de prédispositions flagrantes à l'égard de l'une d'entre elles[106]. Cette définition peut poser problème puisqu'elle assimile l'indépendance à l'instance elle-même et possède une composante plus individuelle pour la neutralité qui s'appliquerait aux arbitres. Or, l'on sait que l'indépendance et l'impartialité peuvent être appréciées, il est vrai, au regard de la juridiction ou de l'instance arbitrale, mais également du point de vue individuel des acteurs concernés. La distinction est encore une fois ténue, et l'on pourrait simplement dire que la neutralité se distingue de l'impartialité et de l'indépendance en tant qu'elle implique des devoirs propres aux arbitres tenant au respect du mandat implicite qui leur est conféré par les parties, et donc de leurs devoirs contractuels.

Les devoirs contractuels, à côté des devoirs juridictionnels, font partie de cet espace propre à l'arbitrage. L'arbitre, qu'il soit entendu comme une personne unique ou un tribunal arbitral, devra rendre une sentence, conformément aux rôles et procédures qui lui ont été assignés. Car l'arbitre ne possède pas un cadre juridique prédéfini, hors cas des procédures spécialisées en matière commerciale. L'article 35(1) du Règlement de la C.P.A. précise par exemple que : « Le tribunal arbitral applique les règles de droit désignées par les parties comme étant celles applicables au fond du litige ». C'est cette flexibilité qui confère à la matière arbitrale tout son intérêt et qui la distingue nettement de la procédure contentieuse. Couplée à la neutralité, elles constituent les deux caractéristiques principales de l'arbitrage, car se distinguant des autres concepts directeurs guidant le procès international. La

---

[106] J-C FERNANDEZ ROSAZ, *op. cit.*, note 99, p. 414 : « The differences between impartiality, independence and neutrality, because of their indeterminate and ambiguous nature, have given rise to long and sterile dogmatic debates which have often been a smoke screen to conceal their real meaning in the opinion of arbitrators994. In fact, impartiality and independence are actually two sides of the same coin: what matters is that both concepts describe a general expectation of the parties that their arbitral tribunal will be neutral as between the parties in performing its duties. Neutrality mainly relates to party appointed arbitrators who may be predisposed in favour of the party appointing them, although this circumstance must not prevail over their professional judgement if they consider that the other party is right ».

flexibilité constitue donc l'un des avantages les plus appréciés des parties, qui gardent leur marge de souveraineté jusque dans la résolution du litige en pouvant déterminer la composition du tribunal et le droit applicable. On partage alors ici les réflexions d'Andrii Zhakirov, selon lequel « it is to some extent ironic that, because of its flexible and neutral nature, which is considered to be one of the greatest advantages of international arbitration over litigation, arbitration is very prone to potentially uneven application of ethical rules »[107]. La flexibilité doit donc, pour ne pas conduire à un marasme de procédures tendant à l'inégalité, se combiner à la neutralité. Mais même ce couplage ne suffirait pas à garantir l'application des règles éthiques. C'est bien pour cela que les auteurs et praticiens de l'arbitrage ne cessent de rappeler le mandat implicite conféré aux arbitres, tendant à les faire agir dans l'intérêt des deux parties en trouvant une solution juste. Cette solution, ne pouvant être induite que par une neutralité respectée, implique que le comportement des arbitres devra correspondre « aux exigences exprimées dans l'accord, par exemple sur les délais ou la procédure, ou qu'elles dépendent plus généralement du respect des principes de bonne foi » [108]. Doack Bishop rappela que certains auteurs avaient suggéré l'existence d'un devoir d'arbitrer selon les principes de bonne foi, qui était dérivé d'un principe général du droit selon lequel les parties devaient exécuter leur contrat de bonne foi[109]. Ce serait alors de ces principes de bonne foi, aussi flous et généraux puissent-ils paraître, que la neutralité d'un arbitre pourrait découler. Les règles éthiques applicables à son égard ne sont que le résultat d'un couplage de ces mêmes principes directeurs : indépendance, impartialité et neutralité. Ce couplage offre en dernier ressort une grande diversité de règles éthiques, mécanismes et procédures, qui irriguent la conduite d'un arbitre

---

[107] A. ZHAKIROV, « Conflicts and ethics in international arbitration », *Arbitration*, Vol. 85, n°1, 2019, p. 36-48.

[108] P. TERCIER, *op. cit.*, note 13, p. 22.

[109] D. BISHOP, *Ethics in International Arbitration*, Conférence de l'ICCA à Rio le 26 mai 2010, disponible sur https://www.arbitration-icca.org/media/0/12763302233510/icca_rio_keynote_speech.pdf

et le rendent dépositaire de la fameuse éthique, plus globale, de l'arbitrage.

2. *Des devoirs de diligence à l'obligation de révélation*

L'approche adoptée pour étudier le fond des règles éthiques applicables aux arbitres est la suivante : les règles éthiques guidant les arbitres dans leur conduite au cours de la procédure arbitrale sont multiples, et leur étude ne nécessitera pas un inventaire répertoriant toutes les règles existantes. Effectivement, certaines ne se départissent pas de celles qui sont applicables aux juges. Sont visées les règles de récusation et de désignation, notamment lorsqu'on parle de stature morale. L'arbitrage possède également ses règles relatives aux privilèges et immunités, qu'on parle de la C.P.A. (article 46 de la Convention de La Haye) ou du C.I.R.D.I. (article 21 de la Convention de Washington). La spécificité des règles éthiques est ailleurs. Est par exemple communément admis qu'un devoir de diligence[110] pèse sur les membres d'un tribunal arbitral. Pouvant paraître comme une évidence, cette diligence implique pourtant des obligations concrètes, telles l'obligation de maitriser son dossier, de mener la procédure en conformité avec le rôle et les procédures assignés, ou encore la participation active à la prise de décision[111]. Ce ne sont évidemment que des implications normatives de la diligence, qui coexistent avec d'autres. L'une des règles éthiques les plus intéressantes et les plus fondamentales en matière d'arbitrage concerne incontestablement l'obligation de révélation. Ce devoir est une condition préalable permettant de garantir l'indépendance des arbitres. L'arbitrage est en effet un lieu privilégié des conflits d'intérêts, tant la flexibilité de son organisation conduit parfois à

---

[110] Ce devoir de diligence est, entre autres, prévu à l'article 1 des règles en matière d'éthique édictées par l'IBA.

[111] Sur la participation de ces devoirs éthiques à l'amélioration du rôle juridictionnel de l'arbitre, V. C. A. ROGERS, « Th Ethics of International Arbitrors », *in* L. W. NEWMAN and R. D. HILLS (éd.), *The leading arbitrators' guide to international arbitration*, JurisNet, New-York, 2008, 860 p, p. 634.

laisser les parties prendre de trop grandes libertés avec les arbitres. L'IBA à d'ailleurs consacré un texte spécifiquement dédié à la prévention des conflits d'intérêts dans l'arbitrage[112]. Même si ce n'est qu'un instrument utile dénué d'un caractère officiel et universel, son adoption montre bien que le conflit d'intérêts est une crainte exacerbée lorsque l'on touche à l'arbitrage international. Ainsi, est exigé de l'arbitre que celui-ci révèle avant sa nomination tous les faits qui pourraient mettre en cause son indépendance, et que celui-ci communique ultérieurement tous les faits qui interviendraient en cours de procédure pour les mêmes raisons[113]. Ce devoir de révélation est prévu tant par l'article 11 du Règlement de la C.P.A. que par l'article 6 du Règlement de procédure relatif aux instances d'arbitrage du CIRDI. Ce devoir s'inscrit dans une tendance grandissante à la transparence des procédures, tendance à laquelle l'arbitrage ne peut échapper. Cet accroissement est symptomatique d'un paradoxe en matière arbitrale, rappelé par le Professeur Tercier. Le coût des procédures internationales et le risque financier supplémentaire qu'entraineraient pour les parties une récusation ou une annulation conduisent souvent les arbitres « à en dire plus afin de ne pas courir finalement le risque de n'en pas dire assez »[114]. De l'avis de certains[115], et c'est là que le paradoxe se révèle, cette trop grande transparence donne des arguments à l'autre partie pour la récusation et

---

[112] Lignes directrices de l'IBA sur les conflits d'intérêts dans l'arbitrage international, approuvées le 22 mai 2004 par le Conseil de l'International Bar Association.

[113] Sur l'étendue des informations à communiquer, le consensus est loin d'être établi. À ce titre, les lignes directrices de l'IBA sont utiles, mais celles-ci font l'objet de critiques tendant à les considérer comme trop restrictives sur certains points et trop libérales sur d'autres, voir A.M. WHITESELL, « L'indépendance dans l'arbitrage de la CCI : pratique de la Cour de la CCI en matière de nomination, confirmation, récusation et remplacement des arbitres », in *ICC Bull. Special Supplement 2008 : L'indépendance de l'arbitre*, n°7, 2008, pp. 37 et s.

[114] P. TERCIER, *op. cit.*, note 13, p. 28.

[115] D. BISHOP and L. REED, « Practical Guidelines for Interviewing, Selecting and Challenging Party-Appointed Arbitrators in International Commercial Arbitration », *Arbitration International*, Vol. 14, n°4, 1998, p. 411.

favorise ainsi le rejet d'arbitres qui répondraient pourtant aux canons d'indépendance et de neutralité imposés. Toutefois, ces opinions, même si ce risque ne peut être exclu, peuvent être infirmées, comme le démontre une nouvelle fois P. Tercier : « L'expérience apprend que ces révélations ne conduisent pas nécessairement à remettre en cause le choix de la partie, mais qu'elles sont au contraire souvent de nature à générer pour tous une confiance accrue en l'intégrité de la personne concernée »[116]. L'intérêt de ce devoir éthique de révélation, qui tend à étendre son champ d'application, est donc indéniable. Nombreuses sont les autres règles éthiques spécifiques à l'arbitre. L'intérêt n'était pas d'en faire une liste exhaustive mais bien d'en présenter les principales, auxquelles peut d'ailleurs être ajoutée l'obligation de confidentialité, qui participe du devoir d'agir dans l'intérêt des deux parties.

L'abondance des règles éthiques dans l'arbitrage ne peut être que remarquée et remarquable. Sans doute que leur développement fut catalysé tant par l'intérêt croissant conféré à la notion dans tous les milieux juridiques que par la spécificité de l'arbitrage, l'arbitre pouvant largement recourir à la règle morale dans l'exercice de ses attributions[117]. L'étude de ces règles ne pouvait être exhaustive, et sa complétude aurait nécessité une étude des règles éthiques cette fois applicables aux autres opérateurs de l'arbitrage[118]. Le pragmatisme l'ayant toutefois emporté, seules les règles éthiques des arbitres furent envisagées. Le panorama éthique se dessinant, alors suffisamment conséquent, nous fait penser à celui existant pour les autres acteurs du procès juridictionnel. Cette fois, ce sont bien les avocats et procureurs qui sont désignés. L'étude des

---

[116] P. TERCIER, *op. cit.*, note 13, p. 28-29.

[117] P. MAYER, « La règle morale dans l'arbitrage international », in *Études offertes à Pierre Bellet*, Litec, Paris, 1991, p. 379.

[118] Sont désignées les opérateurs que se côtoient au sein d'une communauté arbitrale, comme les arbitres, avocats, membres d'institutions d'arbitrage, experts, etc. Sur cette question de l'éthique des autres acteurs, voir R. DUPEYRE, « La déontologie de l'arbitre », *RJOI*, n°24, 2017, p. 49 ; G. KEUTGEN (dir.), *L'éthique dans l'arbitrage*, Actes du colloque de Francarbi du 9 décembre 2011, Bruylant, Bruxelles, 2011, 158 p.

règles éthiques s'appliquant à ces gens de justice se confinera aux contentieux juridictionnels, dont la différenciation entre l'inter-étatique et les contentieux d'humanité empêche là encore une appréciation globale des règles éthiques tant les règles consacrées sont quantitativement et substantiellement différentes.

Section 2. Les règles éthiques applicables aux auxiliaires de justice : les avocats et procureurs

Le recensement des règles éthiques applicables aux juges conduit à un constat logique : si certaines juridictions ont plus de facilités à édicter certaines normes règlementant le comportement des acteurs les composant, la diversité des traditions juridiques auxquelles appartiennent les juges est un obstacle à leur uniformité. Ce qui est éthique pour un juge anglo-saxon ne le sera pas forcément pour un juge continental. D'où l'importance des règles éthiques qui fixent un cadre commun, et la grande difficulté, en raison de ces différences de traditions faisant bien souvent de l'éthique un cas de conscience personnel, d'en édicter. Le constat est bien plus prononcé lorsque le regard se tourne vers les avocats, qui, contrairement à la majorité des juges inter-étatiques, n'exercent pas d'activité devant les juridictions internationales à titre permanent. Leur activité est essentiellement nationale et l'influence de leur tradition juridique encore plus forte. Alain Pellet déplorait d'ailleurs la difficulté d'édicter des règles déontologiques pour les avocats devant la C.I.J., en raison de ces différences de traditions[119]. Le constat est clairement transposable à l'ensemble

---

[119] A. PELLET. « Remarques sur le 'métier' de Conseil devant la Cour internationale de justice », *in* Nations Unies, *Recueil d'articles de conseillers juridiques d'Etats, d'organisations internationales et de praticiens du droit international*, New York, 1999, p. 438.

des contentieux inter-étatiques, et peut être atténué lorsqu'on parle des contentieux impliquant un individu (I). Bien sûr, l'étude des règles éthiques applicables aux auxiliaires de justice souffrirait d'une franche incomplétude si les procureurs internationaux n'étaient pas évoqués. Par cette désignation est en réalité désigné le Procureur de la C.P.I., car l'étude ne s'étendra pas aux règles éthiques des procureurs des tribunaux hybrides. Il semble alors que celui-ci ait profité d'une amélioration tout à fait considérable des règles de la procédure pénale internationale pour accroître ses attributions et les entourer d'un voile d'indépendance. Concomitamment à ces évolutions, une amélioration des règles éthiques s'est également opérée, enserrant le Procureur dans un cadre essentiel à la légitimité des poursuites internationales (II).

I. Le confinement de l'éthique des avocats et conseils à l'implication d'individus dans le contentieux

« A complete vacuum »[120], des règles de conduite « sous-développées »[121], les qualificatifs ne manquent pas pour déclamer l'insuffisance patente des règles éthiques régulant le comportement des avocats et conseils devant la C.I.J. L'étude des textes concernant le T.I.D.M. et l'O.R.D. ne modifieront certainement pas le constat, pouvant ainsi être généralisé à l'ensemble des contentieux inter-étatiques. Les règles expresses manquent, qu'elles soient consacrées dans les textes constitutifs des juridictions ou les règlements de procédure, ou qu'elles le soient dans des textes à part (A). Si le contentieux implique un individu, le constat est différent. Comme pour les juges, les règles éthiques sont quantitativement bien plus présentes devant

[120] D. F. VAGTS, « The International Legal Profession: A Need for More Govemance? », *AJIL*, Vol. 90, n°2, 1996, p. 260.
[121] C. P. SKINNER, « Ethical dilemmas in interstate disputes », *Proceedings of the ASIL Annual Meeting*, Vol. 110, 2016, p. 321.

la C.P.I. et la CourEDH, puisque le manque de règles dans le corps de leurs textes fondateurs est pallié par leur incorporation dans des textes additionnels, enserrant plus largement le comportement des avocats (B).

A) L'absence de règles expresses dans les contentieux inter-étatiques

La frilosité des instances dans l'édiction de mesures est perceptible dès la désignation, où l'absence d'encadrement éthique a fait naître une pratique du barreau invisible qui questionne (1). D'autres interrogations naissent forcément de ce manque d'encadrement, et certains auteurs se demandent quelles sont alors les règles s'appliquant en la matière. Si la plupart récusent la solution de l'application des règles nationales, au profit de l'édiction de mesures internationales, l'absence actuelle de ces dernières tend à considérer que les règles générales en matière d'éthique sont applicables à défaut de règles expresses (2).

1. L'absence d'encadrement éthique sur la désignation : la naissance et la pérennisation d'un barreau invisible

Les avocats et conseils ne sont pas des termes complètement occultés par le Statut de la C.I.J. et par celui du T.I.D.M., contrairement au mémorandum de règlement des différends de l'OMC qui ne contient aucune référence à ces deux professions. De plus, lorsqu'ils sont évoqués dans le Statut de la C.I.J. et du T.I.D.M., c'est bien souvent de l'angle du juge, et des incompatibilités avec la profession d'avocat ou de conseil pendant l'exercice de son mandat ou antérieurement à sa prise de fonction [122] . Seul le Statut de la C.I.J. contient des dispositions spécifiquement dédiées aux avocats et conseils, et seule l'une d'entre elles est qualifiable de règle éthique en tant qu'elle prévoit des immunités et privilèges « nécessaires à l'exercice indépendant de leurs fonctions »[123]. Une seule règle éthique en tout et pour tout dans les trois textes fondateurs des juridictions inter-étatiques est donc visible. On comprend bien alors que tous les auteurs ayant examiné la problématique de l'éthique devant ces juridictions déplorent grandement le vide juridique en la matière. Ce manque d'écritures éthiques est forcément préjudiciable pour la clarté des standards applicables aux avocats et conseils, en même temps qu'émergent des pratiques elles-mêmes contestables pour le respect des concepts directeurs d'indépendance et d'impartialité guidant le juge, et plus largement le procès international. L'exemple de la désignation des avocats et conseils est tout à fait démonstratif.

Contrairement au juge, nulle disposition ne fait mention de la désignation ou encadre le choix des avocats et conseils devant les juridictions inter-étatiques. La désormais bien connue « stature morale », si volontairement rappelée pour les juges et les arbitres, est ici complètement éludée. Les lacunes logiquement engendrées par ce manque d'encadrement laissent ainsi libre cours aux États pour la désignation, qui ne sont astreints à aucun standard éthique dans leurs choix. On aurait pu croire qu'en l'absence de telles règles écrites, une grande diversité de conseils et avocats serait apparue puisque tout le monde peut potentiellement plaider et exercer devant les juridictions. Pourtant, la pratique inverse s'est développée, au point que les avocats et conseils exerçant devant la C.I.J. sont groupés dans « une sorte de 'barreau occulte' composé d'un nombre restreint de personnes, une petite quinzaine, qui se connaissent, qui connaissent la Cour, et auxquelles les Etats font appel sinon systématiquement, du moins de manière très

---

[122] Article 17 §1 et §2 du Statut de la C.I.J. et articles 7§2 et 8§1 du Statut du T.I.D.M.

[123] Article 42 du Statut de la C.I.J.

privilégiée »[124]. La paternité de cette expression incombe au Professeur Oscar Schachter[125] et n'eut cesse de se renouveler, pour le plus grand plaisir de la diversité sémantique. A. Pellet n'hésitait pas à employer l'expression de « mafia de la C.I.J. Toute connotation délinquante mise à part… »[126] et J-P Cot, quatre années plus tard, « du petit monde du palais de la Paix »[127]. Si la pluralité des expressions étonne, le constat n'en est pas moins identique : un nombre restreint d'avocats et conseils se partagent les contentieux devant la C.I.J., constat largement transposable au T.I.D.M. Si certains considèrent que le développement de ce barreau invisible permet de palier le manque de règles éthiques[128], car composé de personnalités dotées d'une haute moralité et de standards élevés, cette appréciation éminemment subjective ne peut masquer le constat de l'apparition d'avocats spécialisés en droit national et ignorants de la procédure et plus largement des subtilités du droit international[129]. Finalement, on est confronté à un paradoxe évident puisque est critiqué l'élargissement du barreau invisible en regrettant l'apparition d'avocats et conseils ne possédant pas une expérience assez forte en droit inter-étatique. Mais est également déplorée l'absence de régulation du comportement des avocats, conséquence tangible du développement d'un tel barreau invisible. On perçoit bien l'idée de fond qui résonne de ces quelques appréciations : il faut des avocats expérimentés, connaissant les subtilités et les zones

---

[124] A. PELLET, *op. cit.*, note 119, p. 437.

[125] O. SCHACHTER, « Invisible college of international lawyers », *Northwestern University Law Review*, Vol. 72, 1977, pp. 217-226.

[126] A. PELLET, *op. cit.*, note 119, p. 436.

[127] J-P COT, « Le monde de la justice internationale », *in* SFDI, *La juridictionnalisation du droit international*, Pedone, Paris, 2003, p. 512.

[128] Sir Franklin Berman rejetait l'idée d'une régulation des conseils devant les tribunaux internationaux en raison des « high standards of the invisible bar », cf ZIMMERMANN et al., *The Statute of the International Court of Justice. A Commentary*, Oxford University Press, Oxford, 3ème édition, 2006, art 42, p. 975-976.

[129] J-P. COT, « Remarques sur la déontologie des avocats et des conseils auprès des cours et tribunaux internationaux », in *Liber Amicorum en l'honneur de Serge Sur*, Pedone, Paris, 2014, p. 605.

grises de la procédure internationale, mais un nombre trop restreint d'avocats confinés dans cette abstraction du barreau invisible ne peut conduire à une évolution des règles éthiques, qui devrait commencer dès la désignation pour ensuite en réguler le comportement. L'idée est résumée par le juge Cot, considérant que « the enlargment of the international bar is to be welcomed. It is renewing the traditional invisible bar, a bar with high standards, but very limited »[130]. L'exemple du choix des avocats et conseils est donc particulièrement représentatif du manque évident de règles éthiques gouvernant la conduite des avocats et conseils devant les cours et tribunaux internationaux. J-P Cot, comme d'autres, en appelle d'ailleurs longuement à l'adoption de règles écrites, qui apporteraient visibilité et clarté[131]. En leur absence, on pourrait donc croire que les avocats et conseils sont complètement libres dans l'exercice de leurs attributions. Pourtant, certains auteurs considèrent que s'appliquent en tel cas d'autres règles, plus générales, empêchant l'existence d'une trop grande liberté d'action qui pourrait porter atteinte à la conduite juste et équitable de la procédure.

2. L'alternative au manque de règles expresses : l'application des règles de droit international général en matière d'éthique

La spécificité de la position des avocats et des conseils dans le contentieux international nous amène à des questions qui ne se posent pas pour les juges et arbitres. Pour les premiers, leur conduite est régulée, peut-être parfois insuffisamment, mais la conduite de leurs attributions est étroitement liée au respect des concepts directeurs. Les avocats, en revanche, peuvent allègrement débarquer sur un terrain vierge de règles éthiques, leur laissant une entière liberté d'action. On se doute que cette

---

130 *Ibid*, p. 604.

131 *Ibid*, p. 605 : « A formal code of conduct would be most helpful. It would identify the applicable rules of conduct ».

action ne peut être entièrement dénuée du respect de certaines règles, et tout le problème est celui de leur identification. La première question revient à se demander si les codes nationaux peuvent s'appliquer en la matière. Presque tous les États possèdent leurs propres codes éthiques régulant le comportement des avocats. L'avocature française, pour ne citer qu'elle, est astreinte au respect d'un décret relatif aux règles de déontologie de la profession d'avocat, dont les règles sont présentées par le règlement intérieur national, aussi appelé Code de déontologie. L'existence de pareils codes ne suffit à considérer que les avocats français exerçant dans une affaire devant une juridiction inter-étatique sont tenus au respect de ces règles nationales. Il faudrait que le code le précise lui-même en prévoyant expressément son application dans les contentieux inter-étatiques. Mais la grande majorité de ces textes ne prévoient aucune mention de ce genre, sauf le code anglais qui fait office d'exception [132]. Ce constat n'est pas forcément reprochable, tant la conduite des avocats et conseils doit relever d'une régulation internationale[133]. Ce qui pourrait être un conflit *d'ego* entre la procédure internationale et la procédure nationale est bien plus important que cela. Le procès international doit comporter ses propres codes, ses propres mécanismes, tout en s'inspirant évidemment des règles nationales, mais en consacrant ses propres spécificités. Car on parle de procès inter-étatiques, où les intérêts des États sont des expressions souveraines de leurs puissances réciproques. La procédure doit donc être adaptée pour qu'une culture judiciaire internationale puisse s'établir[134]. Cela implique notamment qu'on élude les

---

[132] *Ibid*, p. 601 : « The British code of conduct appears to be an exception in that respect, as members of the British bar are expected to comply with their domestic code of conduct whatever tribunal they are addressing ».

[133] D. F. VAGTS, *op. cit.*, note 120, p. 251 : « Clearly, the enforcement of professional behavior in tribunals of the world of public international law is a matter of international and not of national law ».

[134] A. SEIBERT-FOHR, « International judicial ethics », *in* C. P. Romano, K. J. Alter, Y. Shany, *The Oxford Handbook of International Adjudication*, Oxford University Press, Oxford, 2014, p. 758.

questions relatives à la double déontologie[135], la question n'étant pas à la mise en oeuvre nationale de l'éthique des avocats et à leur sanction nationale en cas de manquement, mais à leur régulation internationale.

Le deuxième grand questionnement en la matière revient ainsi à identifier les règles éthiques applicables, à défaut de textes nationaux applicables en la matière, car les avocats et conseils internationaux « are not free to act as they wish ! »[136]. L'évidence revient à dire que les codes de conduite et autres compilations de règles éthiques édictés par les juridictions sont applicables. Mais ce questionnement se pose justement dans la situation bien particulière où la juridiction ne possède pas un texte de la sorte. Selon J-P Cot, dans un tel cas, « they must respect the rules of general international law applicable to international litigation »[137]. Forcément se pose tout de suite le problème de leur identification, et de la notion même de principes généraux du droit international en la matière. Il est communément admis que ces principes généraux, aussi difficilement identifiables soient-ils, incluent des principes communs à l'ensemble des systèmes juridiques dans le monde. Si le trait est grossi, on pourrait alors parler de principes éthiques généraux applicables autant dans la tradition civiliste que dans la tradition common lawyer. Car c'est bien de la confrontation de ces deux systèmes que peuvent naître de tels principes. Le coeur du problème est très vite visible, les juristes romano-germaniques et les juristes continentaux n'ayant sûrement pas la même conception de l'éthique. Certaines règles apparaissent alors opposées dans les deux traditions ; un exemple classique nous est ici donné par le juge Cot, sur la pratique du « witness proofing »[138]. Opérer une synthèse des

---

[135] Sur cette idée de la double déontologie, voir A. SARVARIAN, *Professional Ethics at International Bar*, Oxford University Press, Oxford, 2013, pp. 239-241.

[136] J-P COT, *op. cit.*, note 129, p. 601.

[137] *Ibid.*

[138] *Ibid* : « In the civil law tradition, contact between witness and counsel before the hearing is strictly prohibited. Common law calls for counsel to indicate the general sense of the testimony as to allow for preparation of the

règles éthiques dans les deux traditions est donc d'une grande difficulté, tant les pratiques peuvent être contraires. L'ILA est alors intervenue, pour finir le travail de rédaction et de compilation qu'elle avait amorcé en 2005 avec l'adoption des « Burgh House Principles » en matière d'indépendance judiciaire. En 2010, l'association décide cette fois de consacrer un texte spécifique aux avocats et conseils internationaux, en adoptant « The Hague Principles on Ethical Standards for Counsel Appearing before International Courts and Tribunals ». Cette synthèse minimaliste cherchait à concilier les traditions opposées en la matière pour constituer un corps commun de règles éthiques. De manière très classique, ce texte est départagé en sections traitant tout à la fois des principes généraux devant guider le conseil dans une procédure, de ses relations avec le client et la Cour ou encore des conflits d'intérêts. Ces principes de La Haye possèdent une force normative tout à fait limitée mais peuvent servir de guide utile pour l'adoption future de règles par les juridictions. Son utilité est double ; servir de modèle de référence en fusionnant lucidement les traditions civilistes et common lawyer pour l'adoption ultérieure d'un texte cette fois beaucoup plus contraignant, et servir à l'élévation de principes au rang de principes généraux de droit. Ces derniers peuvent effectivement se déduire des principes de La Haye, si la règle en question semble être communément applicable dans tous les principaux systèmes juridiques du monde. Ce texte est donc d'une fondamentalité incontestable pour identifier les fameux principes applicables à défaut de règles expresses. Peuvent également être cités les travaux du Conseil des barreaux européens qui reflètent au niveau européen les différentes traditions applicables en matière d'éthique. Le C.C.B.E. adopta un Code de conduite pour les avocats européens en 1988 et une Charte des principes fondamentaux de la profession européenne d'avocats en 2006. De nombreuses règles de ces textes furent reprises dans les codes nationaux de déontologie et dans les codes adoptés par la C.P.I., donnant réellement naissance à une pratique éthique de la profession

---

cross-examination. Witness-proofing is compulsory in American law. It would be considered a criminal offense in the civil law system! ».

d'avocat devant les tribunaux européens et internationaux. On retrouve cette inspiration solidement ancrée dans les principes de La Haye, à tel point que certaines de ces règles, rappelées constamment par ces divers instruments, peuvent être qualifiables de principes généraux en matière d'éthique. C'est le cas des diverses règles de confidentialité, ou les règles de représentation qui sont instaurées pour prévenir les conflits d'intérêts. Ce corps de règles constitue assurément les principes généraux recherchés par J-P Cot, applicables à défaut de règles écrites dans les statuts ou autres textes des juridictions. Ce tableau étant peint pour la C.I.J et le T.I.D.M.[139], on peut raisonnablement en déduire qu'il s'applique à l'ensemble des contentieux inter-étatiques, et donc aux avocats et conseils exerçant devant l'O.R.D.

L'exercice intellectuel pour déterminer les règles éthiques applicables aux avocats et conseils dans les contentieux inter-étatiques est tout à fait stimulant, tant l'absence de règles écrites conduit les auteurs à combler ces lacunes en allant chercher des principes généraux. Forcément, l'effet catalogue est ici impossible. Ce qui représente un vrai travail de recherche est en revanche fécond de difficultés pour la prévisibilité et la clarté des règles applicables, et donc pour la profession d'avocat elle-même. La Justice pénale internationale et la Justice des droits de l'homme semblent démontrer une plus grande sensibilité à l'égard des difficultés générées par l'imprévisibilité des normes, puisque des compilations de règles éthiques ont été rédigées, laissant entrevoir leur présence accrue dans les contentieux d'humanité.

---

[139] Sur le caractère contraignant de ces principes, il faut se reporter à l'article 293 de la Convention de Montego Bay, selon lequel « une cour ou un tribunal ayant compétence en vertu de la présente section applique les dispositions de la Convention et les autres règles du droit international qui ne sont pas incompatibles avec celle-ci. », et l'article 38 c) du Statut de la C.I.J., selon lequel « la Cour {…} applique les principes généraux de droit reconnus par les nations civilisées ».

B) La présence accrue des règles éthiques dans les contentieux d'humanité

L'identification des règles éthiques diffère largement que l'on se place du point de vue de la CourEDH[140] ou de la C.P.I. Les deux juridictions ont adopté une approche différente, puisque la Cour de Strasbourg ne s'est toujours pas attelée à la rédaction d'un texte compilant les règles éthiques, qui restent donc éparpillées dans plusieurs textes gravitant autour de la compétence des avocats plaidant devant la Cour, sans jamais les désigner spécialement (1). La C.P.I. a fait preuve de considérations supplémentaires, puisque l'AEP n'a pas hésité à adopter un Code de conduite[141], permettant d'adopter l'approche centralisatrice si recherchée et si peu commune en la matière (2).

1. La dispersion des règles de conduite devant la CourEDH

La clarté nécessaire à la compréhension et à la diffusion des règles éthiques semble faire défaut lorsqu'on examine les textes gouvernant la conduite des avocats plaidant devant la CourEDH, malgré la présence remarquée des différents travaux du C.C.B.E. Cette association a en effet adopté, comme expliqué précédemment, un code de conduite pour les avocats européens et une charte complétant ce premier Code et proclamant des

---

[140] Est visé spécialement la CourEDH car l'étude des règles éthiques dans les textes de la Cour interaméricaine et la de la Cour africaine serait bien trop réduite, tant les règles éthiques sont peu nombreuses. Les règles concernant les représentants, incluant de fait les avocats et conseils, se contentent de prévoir le droit à l'assistance judiciaire et quelques règles procédurales inhérentes à la représentation judiciaire. Le propos se cantonnera donc à la Cour européenne, où les règles sont bien plus détaillées.

[141] Code de conduite professionnelle des avocats, Résolution ICC-ASP/4/Res.1, Adoptée par consensus à la troisième séance plénière, le 2 décembre 2005

concepts fondateurs. *A priori*, ces textes évincent la possibilité d'un constat déplorant le manque de clarté desdites règles de conduite. Une certaine doctrine n'hésitait d'ailleurs pas à rappeler l'existence de ces sources lorsqu'ils examinaient les règles de conduite des avocats, par exemple devant la CJCE[142]. Pourtant, A. Sarvarian rappelle à juste titre que ces textes sont inapplicables devant la CJUE et, par déduction, devant la CourEDH « because it was expressly designed for transnational practice rather than international courts » [143]. Les règles de conduite sont à chercher ailleurs. On en revient finalement à rechercher les règles éthiques de la même manière que lorsque l'on examine celles gouvernant les avocats devant les juridictions inter-étatiques. Alors, les principes de La Haye peuvent être utilisés, puisque ne s'appliquant pas exclusivement aux avocats dans les contentieux inter-étatiques. Arman Sarvarian ne se prive d'ailleurs pas dans son étude d'étudier les comportements des conseils à l'aune de ces principes. Mais le constat est le même que pour les conseils inter-étatiques ; ces principes servent de guide fondamental en l'absence de textes dédiés à la question éthique devant la CourEDH, et posent un ensemble de règles qui concernent classiquement les devoirs de confidentialité, d'incompatibilité, etc. L'originalité revient à étudier le spécifisme des règles éthiques devant la Cour, et donc à aller chercher en premier lieu dans la CEDH. L'évidence est telle qu'on pourrait ne pas le citer mais l'article 6 de la CEDH possède ici son importance. Proclamant le droit à « un tribunal indépendant et impartial », nul doute que la Cour entend respecter cette exigence qu'elle rend obligatoire pour les États membres du Conseil de l'Europe. Ce droit à un tribunal indépendant et impartial emporte dans sa globalité l'indépendance et l'impartialité des acteurs composant le tribunal, sans quoi un tribunal ne pourrait évidemment pas respecter l'article 6. En revanche, on ne peut percevoir des

---

[142] L.N. BROWN and T. KENNEDY, *The Court of Justice of the European Communities*, Sweet and Maxwell, 2000, 343 p.

[143] A. SARVARIAN, « Common ethical standards for counsel before the European Court of Justice and European Court of Human Rights », *EJIL*, Vol. 23, n°4, 2012, p. 999.

règles éthiques s'appliquant aux conseils dans la section dédiée à la Cour, puisque les représentants des parties, dans lesquels sont compris les conseils, sont seulement envisagés à l'article 38 à propos du contradictoire.

Le Règlement de la Cour est à ce titre beaucoup plus éclairant. Celui-ci contient de multiples dispositions s'appliquant aux représentants[144]. La très grande majorité des articles ne concernent que de simples questions procédurales, et fournissent un guide utile à l'intention des parties qui souhaiteraient bénéficier des services d'un avocat. On ne peut finalement que constater la présence d'une seule règle éthique, située à l'article 44D du Règlement[145]. Cette disposition confère au Président de chambre la possibilité d'exclure un avocat si celui-ci formule des observations contradictoires avec ses devoirs de courtoisie et d'honnêteté[146]. Cette règle ne régule la conduite des avocats que par le prisme du juge, en fournissant des attributions aux juges et non en proclamant explicitement des devoirs éthiques applicables aux avocats. C'est représentatif de la situation devant la CourEDH, qui préfère traiter l'éthique des avocats en fournissant des pouvoirs sanctionnateurs aux juges et présidents de chambre. Cette disposition fut insérée en 2004, dans un mouvement plus large tendant à s'assurer que les représentants n'induisent pas la Cour en erreur. Effectivement, les contextes sont toujours sensibles et les avocats peuvent être conduits à avoir des comportements reprochables dès lors qu'ils

---

[144] On peut signaler que pour une personne morale, le représentant en justice est parfois distingué de l'avocat habilité à défendre la personne morale lors d'une audience. En revanche, ils arrivent que ce soient les mêmes personnes, cf *Instruction pratique édictée par le président de la Cour au titre de l'article 32 du règlement le 1er novembre 2003 et amendée les 22 septembre 2008*, 24 juin 2009, 6 novembre 2013 et 5 octobre 2015, p. 2.

[145] Article 44D du Règlement de la Cour : « Si le représentant d'une partie formule des observations abusives, frivoles, vexatoires, trompeuses ou prolixes, le président de la chambre peut l'exclure de la procédure, refuser d'admettre tout ou partie des observations en cause ou rendre toute ordonnance qu'il juge appropriée, sans préjudice de l'article 35 § 3 de la Convention ».

[146] A. SARVARIAN, *op. cit.*, note 143, p. 1004.

se laissent submerger par la pression des parties[147]. La règle 44D, malgré son caractère beaucoup trop isolé, se couple avec les principes de La Haye pour aider les avocats à résister aux pressions des États et à ne pas induire la Cour en erreur. La dernière règle qui nous intéresse peut être trouvée dans l'article 62(2) du Règlement, à condition qu'on y mette du sien pour en déceler le caractère éthique. Effectivement, ça n'apparaît pas clairement puisqu'il concerne la confidentialité des négociations en vue de parvenir à un règlement amiable. Ce seront plus les comportements contraires à cet article, donc les révélations d'un avocat, qui attesteront de l'irrespect d'une règle qui concerne de loin l'éthique des avocats.

Les sources éthiques devant la CourEDH sont peut-être plus présentes que dans les contentieux inter-étatiques, mais ce constat relève de l'évidence la plus totale tellement les règles sont peu nombreuses dans ces derniers. La présence des règles éthiques est donc accrue si l'on se place dans une approche comparative avec les juridictions inter-étatiques, mais reste en revanche étroitement liée à des textes dépourvus de valeur officielle, tels les Principes de La Haye. Ce constat interroge, d'autant plus que la Cour a consacré un travail important à la rédaction de règles éthiques pour les juges. Les règles essentielles, on le verra, sont en effet plutôt situées dans le champ disciplinaire et viennent donc sanctionner un défaut d'éthique apprécié par rapport aux quelques règles suscitées. Est-ce encore une preuve que l'éthique du juge est une préoccupation plus fondamentale ? On ne peut que répondre par l'affirmative, tout en pondérant ce constat lorsque le regard se déplace vers un autre quartier de La Haye, lieu et place de la C.P.I. Cette fois, les règles éthiques touchant les avocats et conseils ne sont pas des moindres, preuve encore une fois des grandes préoccupations éthiques dont fait preuve la Cour.

---

[147] *Ibid*, p. 1005 : « The backlog at the Court also creates a particular challenge for applicants' advocates who should be ethically obliged to protect the Court from frivolous cases while advancing meritorious ones ».

2. *L'approche centralisatrice adoptée par la C.P.I. au service d'une compréhension renouvelée des règles éthiques*

La Cour est la juridiction la plus contemporaine que l'on examinera, et c'est peut-être ce qui explique la présence aussi importante de règles éthiques gouvernant tant les juges que, chose beaucoup plus rare, les conseils et avocats. Si la Cour est apparue au moment où l'éthique prenait de l'envergure, sa modernité ne peut justifier à elle seule cette prédominance, qui est également la conséquence même de la matière du droit pénal international. Donnant une place significative aux victimes, ce droit prend en compte les aspirations de justice qui émanent parfois d'une communauté tout entière. Le rôle de la personne physique en tant que destinataire des décisions est bien plus fort que dans les contentieux inter-étatiques où les intérêts souverains des États sont souvent bien trop abstraits et éloignés des intérêts individuels des citoyens composant l'État partie au litige. L'apparence éthique de tous les acteurs au procès pénal international devait donc se consolider pour rassurer les victimes désireuses d'une justice déconnectée des intérêts partiaux. On peut rapidement envisager les quelques règles éthiques situées dans le Statut de Rome. Celui-ci contient une disposition éthique spécifique aux conseils : l'article 48, prévoyant des immunités et privilèges pour les avocats [148]. Les quelques autres règles contenues dans le Statut ne sont pas éthiques en elles-mêmes mais concourent à la reconnaissance de l'éthique des conseils. L'article 61 est éclairant, et nous indique que lors d'une audience de confirmation des charges en l'absence de l'intéressé, « la personne est représentée par un conseil lorsque la Chambre préliminaire juge que cela sert les intérêts de la justice ». Ainsi, en appeler au conseil reviendrait à reconnaître que sa présence servirait les intérêts de la justice, ce qui est finalement l'objectif de tout dispositif éthique. D'ailleurs, on

---

[148] Règle commune avec la C.I.J., on peut s'interroger sur l'absence de telles immunités dans les statuts du T.I.D.M., ne prévoyant que des immunités pour les membres de la Cour, et dans ceux de l'O.R.D. et de la CourEDH.

voit mal dans ce cas précis comment la Cour pourrait en juger autrement et admettre *a contrario* qu'un conseil ne servirait pas les intérêts de la justice. Enfin, les articles 70 et 71 peuvent être cités, en tant que des procédures sont prévues pour tenir compte d'atteintes à l'administration de la justice et d'inconduites à l'audience, qui ne concernent pas spécifiquement les avocats et conseils mais qui les concernent tout de même. Le Statut de Rome est toutefois loin d'être le texte le plus intéressant en matière d'éthique. Il est très largement supplanté par tous les autres textes régissant la procédure devant la Cour : le Règlement de la Cour et le Règlement de Preuve et de Procédure. Le chapitre 4 du Règlement est expressément consacré au conseil et à l'aide judiciaire. De très nombreuses règles éthiques y sont contenues, allant de la transmission du casier judiciaire (norme 69 alinéa 3), à la constitution d'un Barreau du conseil public pour la défense [149] , dont l'indépendance est rappelée par la norme 77. Sans aucun doute, la règle éthique la plus notable se situe à la norme 67, intitulée : « Critères auxquels le Conseil doit répondre ». Le parallèle avec le RPP peut d'ailleurs être fait puisque cette norme 67 pose des critères d'expérience pour qu'un conseil puisse être nommé en faisant référence à la règle 22 du RPP, selon laquelle « le conseil de la défense doit être d'une compétence reconnue en droit international ou en droit pénal et en matière de procédures, et avoir acquis l'expérience nécessaire du procès pénal en exerçant des fonctions de juge, de procureur, d'avocat, ou quelque autre fonction analogue ». Cette règle nous fait immédiatement penser aux règles de compétences et d'expérience qui sont classiquement reconnues pour les juges. Et c'est là la particularité de la C.P.I. puisque sont également prévues de telles qualifications pour les conseils. C'est une disposition foncièrement originale, qui retranscrit véritablement la prise en compte par la Cour des difficultés inhérentes au procès pénal. Ce n'est pas un secret, la procédure devant la Cour est sans doute la plus compliquée des juridictions internationales. Les

[149] Ce Barreau, constitué par le Greffier, a pour tâche de représenter et de protéger les droits de la Défense au stade initial de l'enquête, notamment en fournissant aide et assistance aux conseils de la Défense.

rédacteurs des textes auraient très bien pu apporter des clarifications sur les rouages procéduraux sans pour autant aller jusqu'à exiger des qualifications et une expérience précises pour les conseils. Cette prévenance éthique va d'ailleurs encore plus loin, puisque les États parties ont adopté un texte spécifiquement dédié à la conduite des avocats et conseils.

Le Code de conduite professionnelle des avocats, adopté en troisième séance plénière par l'AEP en 2005, est l'aboutissement d'une prise en compte du conseil qui dépasse bien celle des juridictions des droits de l'homme. On ne peut tarir d'éloges sur un tel document, tant la multitude de règles éthiques qui y sont contenues sont précises, parfaitement catégorisées et se couplent aux procédures disciplinaires dont la clarté retentit. Allant des principes généraux guidant l'indépendance du conseil dans le chapitre 1, aux conditions de respect du mandat du conseil dans le chapitre 2, ce Code de conduite catalogue 46 articles dont la précision interpelle. Ce n'est en effet pas le premier texte à compiler des règles éthiques applicables à un corps de profession en matière de contentieux international, mais c'est le premier dont la force contraignante et la variété de règles sont vêtues d'un intérieur supérieur. L'article 1 du Code fait état d'un champ d'application large puisque le Code s'applique à tous types de conseils ainsi qu'aux *amicus curia*. L'article 4 du présent Code précise ensuite que le Code prévaut sur tout autre instrument déontologique. L'approche centralisatrice adoptée par la Cour se manifeste donc dans ce document, dont on ne peut que louer les mérites. La Cour, et par là on parle également de l'AEP, aurait très bien pu déclarer la suffisance des règles éthiques contenues dans le Statut, le Règlement et le RPP. Mais une couche supplémentaire fut donc rajoutée, une strate éthique recouvrant les textes suscités, qui ne peut apporter que compréhension et clarté. Lui reprocher son enchevêtrement avec les autres textes ou le fait que le Code introduise une sorte de marasme de règles de conduite ne peut tenir, puisque le Code de conduite est aujourd'hui l'instrument de référence si quiconque veut examiner les règles éthiques applicables à un conseil. Tout ce qui est dit dans le Règlement et dans le RPP est en effet repris dans ce texte. On peut bien sûr reprocher de nombreuses choses à la Cour, notamment des comportements de ses acteurs parfois à la limite de l'irrespect des règles éthiques, mais l'inventaire des règles ne peut être qu'un plébiscite du témoignage éthique et déontologique de la Cour. Tant les juges que les avocats et conseils se sont vus enserrés dans un carcan de règles garantissant leur probité. Toutefois, ces règles ne peuvent être que privées d'effets concrets si elles n'étaient pas complétées par une gouvernance éthique de l'acteur le plus célèbre de la Cour ; le Procureur. L'imbrication de l'éthique de tous ces acteurs est nécessaire au fonctionnement serein du procès pénal international, et la préoccupation semble avoir été réceptionnée tant la probité du Procureur est aujourd'hui constamment rappelée comme étant un élément consubstantiel à la légitimité de la Cour. Il faut en réalité se méfier des apparences, plutôt trompeuses en l'espèce. Le tableau n'est peut-être pas aussi étincelant, ce que nous indiquera l'examen des règles éthiques applicables au Procureur de la poursuite.

II. L'amélioration progressive des règles éthiques encadrant l'action des procureurs internationaux

Les procureurs internationaux, principaux promoteurs d'une Justice pénale internationale ne pouvant résister aux feux politiques, ont vu leurs compétences et pouvoirs manifestement élargis et encadrés grâce à des améliorations procédurales sensibles. À Nuremberg, la préoccupation éthique n'existait pas. Le symbolisme d'une justice rendue d'avance l'emporta sur les principes fondamentaux d'un procès équitable. Lorsque le Conseil de sécurité eut la lourde tâche de créer des tribunaux pénaux *ad hoc*, suite aux massacres du Rwanda et de Srebrenica, la justice ne pouvait être rendue de la même façon. L'époque n'était plus à une inculpation en chaîne déjà jouée d'avance, mais à la juridictionnalisation des procès et des procédures. Naturellement, l'éthique devint un sujet questionné, qui fut retranscrit dans les statuts des deux tribunaux *ad hoc*. Ces derniers constituant un laboratoire d'expérimentation de ces règles (A), les rédacteurs du Statut de Rome en ont ensuite comblé les lacunes en renouvelant les règles éthiques s'appliquant au Procureur (B).

A) L'expérimentation des règles s'appliquant aux Procureurs des TPI

Les tribunaux *ad hoc* ont été institués dans une époque où se posait déjà la question de l'institution d'une Cour criminelle internationale [150], et profitèrent des réflexions doctrinales et des Commissions Vérité-Réconciliation pour améliorer le cadre procédural de la poursuite des crimes internationaux. Cette évolution passait par une garantie de l'indépendance des procureurs. Les rédacteurs des statuts se sont accordés pour exprimer cette garantie dès la désignation, dont il est vite apparu qu'elle serait insuffisante pour la C.P.I. (1). Si le reste du Statut ne contient que très peu de règles éthiques, ce manque fut comblé par l'adoption de codes ultérieurs, tenant compte des impératifs déontologiques (2).

1. Une indépendance statutaire confrontée aux vents contraires de la nomination

Les critiques sur les Tribunaux pénaux internationaux *ad hoc* sont parfois extrêmement acerbes et pardonnent en réalité bien plus aux Tribunaux de Nuremberg et Tokyo ayant institutionnalisé pour la première fois les vœux de Justice internationale. Pourtant, il est évident que malgré un résultat

---

[150] Les deux juridictions s'inscrivirent dans un contexte particulièrement favorable au développement de la justice pénale internationale. En effet, à l'aune de la chute des blocs, une nouvelle doctrine sur la réconciliation émerge progressivement et consacre l'idée selon laquelle la paix ne peut plus être assurée par le « pacte de l'oubli » mais bien au contraire par l'expression et l'étalage de « la vérité », notamment, mais non exclusivement, au sein du prétoire d'un procès pénal international, cf E. LE GALL, *La poursuite des crimes internationaux: réflexions sur l'opportunité des poursuites du procureur international*, IRJS Éditions, 2016, p. 27.

mitigé sur les actes d'accusation et les condamnations, les TPI ont permis des améliorations tout à fait sensibles en matière de procédure pénale internationale. La désignation des procureurs en est le premier exemple. Dénué d'impartialité et d'indépendance, le choix des procureurs de Nuremberg s'acta plus sur leur habilité au discours tant les procès étaient déjà réglés. Lors de l'élaboration des statuts des TPI, les rédacteurs identifièrent ainsi leur désignation comme constituant le catalyseur de leur indépendance. La procédure de désignation changea en profondeur puisque fut décidé qu'ils seraient nommés par le Secrétaire Général des Nations Unies. Les États directement concernés par les actes criminels en cause et désireux de justice ne pouvaient alors plus nommer le Procureur de leur choix. L'indépendance du Procureur ne pouvait que s'en retrouver renforcée puisqu'il ne serait plus le commanditaire justiciable d'un gouvernement en particulier et que les intérêts de son État de nationalité ne seraient pas forcément en jeu dans la situation qu'il serait susceptible de plaider. Une règle éthique prête d'ailleurs ses effets à cette nomination, puisque les articles 15 du Statut du T.P.I.R. et 16 du Statut du T.P.I.Y. exigent du Procureur nommé une « haute moralité », « une compétence notoire » et qu'il ait « une solide expérience de l'instruction des affaires criminelles et des poursuites ». On retrouve les exigences d'une stature morale et de compétences, classiquement reconnues à l'égard des juges. Si le dispositif était particulièrement bienvenu à l'époque, il est aujourd'hui admis sans distinction que la nomination n'est pas le processus transcrivant au mieux l'indépendance des acteurs nommés. L'élection est en revanche le mode le plus plébiscité, puisqu'un procureur élu se voit préalablement absout d'une quelconque influence potentielle de son autorité de nomination, donc de l'autorité à qui il doit son statut et sa reconnaissance. Les rédacteurs du Statut de Rome ne sont en effet pas restés insensibles à ces considérations puisqu'ils introduisirent en toute logique le processus électif. Toutefois, cette procédure conditionnant l'entrée en fonction n'est pas la panacée. Elle comporte aussi ses failles, qui méritent d'être exprimées.

Cette question nous amène en réalité à nous poser des questionnements plus larges, car ne touchant pas que le

Procureur. Brièvement, les quelques lacunes du procédé électif ont été rappelées par S. Szurek, qui n'hésite pas à expliquer, en parlant de la C.I.J., que « le système d'élection des juges est un choix politique qui revêt une importance essentielle pour l'État »[151]. Effectivement, les résultats aux élections des juges sont souvent le fruit de contingences politiques, diplomatiques, où les intérêts nationaux peuvent prévaloir sur les intérêts de la juridiction en cause. Ce constat est parfaitement transposable pour la C.P.I., où l'élection n'a pas résolu tous les problèmes. Certes, elle constitue une avancée notable dans la consolidation d'une éthique du Procureur, mais se voit également reprochée d'être le catalyseur de batailles féroces entre les acteurs diplomatiques des États, qui ne se risqueraient pas à nommer un Procureur incontrôlable et pouvant toucher directement ou indirectement à leurs intérêts[152]. Ce facteur, présent dans toutes les pensées des électeurs dès l'origine, s'est ensuite couplé à un autre critère ; la nationalité du candidat. L'élection de la Procureure actuellement en poste, Mme Fatou Bensouda, en est la parfaite expression. Christian Wenaweser, qui était ambassadeur du Liechtenstein à l'O.N.U. et président du processus de sélection du Procureur, déclarait : « Il y avait une opinion largement partagée sur le fait que le prochain procureur devait être originaire d'Afrique ». L'élection devient alors un instrument d'apaisement des contestations de certains États parties, qui menaçaient de quitter la Cour si le Procureur n'était pas africain. Même si le processus électif constitue une avancée notable de garantie de l'indépendance du Procureur, et donc de

---

[151] S. SZUREK, *op. cit.*, note 55, p. 69.

[152] Comment ne pas citer l'exemple américain ? Selon John R. Bolton, ancien Secrétaire d'État adjoint des États-Unis pour les organisations internationales, la plus grande inquiétude relativement à l'institution de la Cour vise « le Président, les administrateurs du Cabinet qui constituent le Conseil de sécurité national et les autres chefs militaires et civils responsables de notre défense et de notre politique étrangère, qui seraient des cibles potentielles très réelles pour un Procureur ayant des motifs politiques et non soumis à l'obligation de rendre compte », cf *« Is a U.N. International Criminal Court in the U.S. National Interest ? »*, Audience devant le Sous-comité sur les opérations internationales du Comité sénatorial des relations étrangères, 105ème Cong., 1998, (« audience sur la C.P.I. ») (traduction), p. 48.

son éthique, les critiques ne se sont pas taries pour autant et continuent de viser frontalement la désignation du Procureur. Une fois ces précisions faites, il faut élargir le propos à l'ensemble des règles consacrées dans les statuts des TPI, et non plus spécifiquement à la désignation. Or, on ne peut pas dire que les règles contenues dans les statuts impressionnent pas leur dimension éthique, tant les règles sont peu nombreuses. Un regain de considération pour l'éthique fut alors préconisé par la Procureure Louise Arbour, dont l'activisme et le renom marqueront de leur empreinte les poursuites internationales.

2. L'établissement d'un cadre déontologique applicable à l'Accusation

La C.P.I. n'aurait jamais pu voir le jour si les deux TPI n'avaient pas existé, car ces derniers ont servi de laboratoire d'expérimentation de règles et procédures spécifiques au droit pénal international. La difficulté était grande pour les deux tribunaux, tant les précédents manquaient. Les expériences de Nuremberg et de Tokyo ne pouvaient être purement et simplement continuées par l'O.N.U. lorsqu'elle constitua les deux tribunaux *ad hoc*. En revanche, la conférence de Rome s'est très largement inspirée des avancées produites par ces derniers, principalement d'un point de vue procédural. Le souhait était de gommer les principales lacunes et de conférer à la future juridiction permanente que serait la C.P.I. une dimension beaucoup plus contemporaine dans la manière de juger. Forcément, la C.P.I. émergeant dans une époque où l'éthique prenait son essor, il fut décidé de renouveler les règles éthiques qui existaient déjà devant les Tribunaux *ad hoc*. Là encore, les rédacteurs du Statut de Rome ne se sont pas retrouvés face à un vide juridique, puisque de multiples règles éthiques pouvaient être distinguées. Ce ne sont pas les statuts en eux-mêmes qui constituent la référence, puisque ne contenant qu'une seule règle pouvant être qualifiée d'éthique. Ce sont les articles 15 du T.P.I.R. et 16 du T.P.I.Y., qui stipulent laconiquement au point 2 que le Procureur « agit en toute indépendance » en ne sollicitant ni instructions ni directives d'États qui pourraient le conduire à guider ses enquêtes en fonction d'intérêts catégoriels. L'importance de cette règle est fondamentale, car au principe même d'un jugement équitable, mais son isolement dans le Statut la rendait presque inoffensive. Sa formulation était en effet assez large et devait absolument être précisée. Ce fut fait à deux reprises, d'abord dans le RPP qui apportera son lot de précisions, ensuite par l'édiction extrêmement novatrice d'un Code de déontologie applicable à l'Accusation.

Le RPP des TPI possède un ensemble détaillé de mécanismes et procédures permettant de s'assurer du fonctionnement indépendant et équitable de la Cour. Forcément, certaines dispositions concernent spécifiquement le Procureur. Toutefois, l'examen de ce document est révélateur de la manière dont est abordée la préoccupation éthique du Procureur. Si de multiples règles sont prises en la matière pour les juges et les conseils, il semblerait qu'elles soient beaucoup moins largement consacrées pour l'Accusation. Aucune règle ne sera dédiée spécifiquement à la protection et la garantie de l'indépendance du Procureur, puisqu'elles se contentent plutôt de tirer les conséquences d'un comportement dénué d'éthique. Elles interviennent alors en aval, ce qui peut interpeller. Sans mentionner les procédures disciplinaires, qui sont des règles complémentaires à défaut d'être des règles éthiques[153], on peut citer l'article 95 du RPP qui prévoit des cas d'irrecevabilité des éléments de preuve en raison des procédés par lesquels ils ont été obtenus. Ce n'est donc pas le RPP, comme le Statut, qui fournit la substance du cadre éthique enserrant le Procureur dans son comportement, mais bien les *Règles de déontologie pour les représentants de l'accusation*[154], adoptées en 1999 par la Procureure Louise Arbour. Ce texte, incorporé dans le règlement interne du Procureur, possède l'originalité de préciser le contexte dans lequel il s'inscrit. On l'a vu, rares sont les documents spécifiquement dédiés à l'éthique d'un corps de

---

[153] V. Chap. 2, Section 2, I. A).

[154] Règlement Interne Du Procureur N° 2 (1999), *Règles De Déontologie Pour Les Représentants De L'accusation.*

profession, et ces quelques textes n'ont pas pour habitude de préciser le contexte de leur adoption. Or, ce code le fait en mentionnant la Charte de l'O.N.U., la DUDH, et de manière plus novatrice et révélatrice du travail effectué, les *Principes directeurs applicables au rôle des magistrats du parquet*[155] et le *Code de déontologie pour les Procureurs publié par l'International Association of Prosecutors*[156]. Ces textes, de l'avis de Louise Arbour, « fournissent des éléments de référence permettant de fixer des règles de déontologie applicables aux procureurs dans les juridictions internationales aussi bien que nationales »[157]. Une fois ces précisions faites, qui nous rappellent encore une fois l'importance des textes à valeur informative adoptés par les associations, le document liste toute une série de règles éthiques, allant de « la protection de l'intérêt public » (règle a.) à « la franchise à l'égard du tribunal » (règle e.), et plus techniquement de l'obligation de protéger « la confidentialité des affaires » (règle i.) et de « ne pas entrer en rapport avec un juge ou une Chambre du tribunal au sujet du fond d'une affaire particulière, excepté dans le cadre approprié de l'instance » (règle j.). Ce Code est donc tout à fait novateur et constitue le premier texte à regrouper des règles éthiques en matière de Justice pénale internationale. Déjà soupçonnée maintes fois, l'approche éthique adoptée par les juridictions pénales internationales semble encore une fois être bien supérieure aux juridictions inter-étatiques ou des droits de l'homme. Ce constat ne peut être que confirmé lorsque l'on examine la première juridiction internationale universelle et permanente, qui, contrairement aux TPI, a pu profiter des avancées passées pour renouveler les règles éthiques déjà existantes et en consacrer encore un peu plus la fondamentalité dans le fonctionnement de la Cour.

[155] Principes directeurs applicables au rôle des magistrats du parquet adoptés par le huitième Congrès des Nations Unies pour la prévention du crime et le traitement des délinquants et accueillis par l'Assemblée générales dans sa résolution 45/166 du 18 décembre 1990.

[156] Code de déontologie pour les procureurs publié le 23 avril 1999.

[157] Règles de déontologie, *op. cit.*, note 154, p. 9.

B) Les leçons du passé : le renouvellement des règles éthiques applicables au Procureur de la C.P.I.

L'approche adoptée par la C.P.I. pour consacrer un *corpus* de règles éthiques se distingue des TPI car aucun code de conduite à l'intention exclusive du Procureur n'est consacré. Pas moins de sept textes fondamentaux constituent le fondement du cadre juridique de la Cour[158], et six autres documents ont été adoptés ultérieurement pour compléter ce cadre institutionnel et procédural[159]. Parmi eux, de très nombreuses règles éthiques jugulant l'activité du BdP sont décelables (1). Après en avoir étudié le contenu, l'une d'entre elles, relative au mandat du Procureur, interpelle la doctrine. Il semble que les rédacteurs aient fait le choix du non-renouvellement du mandat, au détriment, peut-être, d'une continuité dans la stratégie pénale de la Cour (2).

1. La diversité des garanties statutaires encadrant la « toute-puissance » du Procureur

Certaines règles de conduite tendant au respect de l'indépendance du Procureur sont présentes dans presque tous les textes fondamentaux et complémentaires de la Cour. Les principales sont incorporées dans le Statut de Rome, le RPP et le Règlement du BdP. Cette diversité dans les sources des règles éthiques s'explique logiquement par la substantialité de la probité du Procureur, qualité qui ne peut lui faire défaut.

---

[158] Le Statut de Rome, le RPP, les Éléments des crimes, le Règlement de la Cour, le Règlement du BdP, le Règlement du Greffe, le Code de conduite professionnelle des conseils.

[159] Le Code d'éthique judiciaire, le Guide pratique de procédure pour les Chambres, le Statut du personnel, le Règlement du personnel de la C.P.I., le Règlement financier et règles de gestion financière, l'Accord sur les privilèges et immunités, l'Accord négocié régissant les relations entre la Cour pénale internationale et l'Organisation des Nations Unies, l'Accord de siège entre la Cour pénale internationale et l'État hôte.

Toujours rappelée, de l'intronisation aux discours annuels, l'indépendance du Procureur est perceptible dès son élection, le système électif étant effectivement en lui-même un gage d'indépendance renforcée par rapport à la nomination. Ensuite, le Statut de Rome fait état d'une approche formelle de l'éthique bien différente de celle des TPI. Ces derniers avaient fait le choix de ne consacrer l'indépendance des procureurs que de manière laconique, dans des articles très brefs rappelant l'exigence morale et les compétences attendues. N'avait finalement été consacré un texte éthique applicable à l'Accusation que sous la pression de la très influente Louise Arbour et en réaction aux consécrations préalables de l'éthique des conseils[160]. L'idée était alors de bâtir un système qui n'attendait plus que l'éthique de l'Accusation pour être complet. La C.P.I. a plutôt opté pour l'introduction de règles éthiques beaucoup plus détaillées dans le corps même du Statut, avant d'en préciser les contours dans les divers règlements. Les règles classiques d'immunités (article 48) et de traitement (article 49) coexistent avec le coeur même de l'éthique du Procureur, situé à l'embouchure des articles 42 et 46, ce dernier introduisant les mécanismes pour la perte de fonctions. L'article 42 est donc le centre névralgique des règles éthiques assignées au Procureur, et rappelle tant l'exigence d'une stature morale, de compétences techniques et professionnelles, que, chose plus rare pour un procureur international, l'existence d'incompatibilités. De plus, au paragraphe 7 de l'article 42 est notablement marqué : « Ni le Procureur, ni les procureurs adjoints ne peuvent participer au règlement d'une affaire dans laquelle leur impartialité pourrait être raisonnablement mise en doute pour un motif quelconque ». Le terme impartialité mérite qu'on s'y arrête quelques instants. On l'a vu, l'indépendance des juges n'était pas rappelée sans faire référence à la deuxième face de son binôme, garnie par

---

[160] Louise Arbour, dans les règles de déontologie applicables à l'accusation, rappelait ainsi qu'il existait déjà un Code de déontologie pour les avocats exerçant devant le T.P.I.Y. et un Code de déontologie à l'intention des Conseils de la défense (T.P.I.R.), et qu'il serait souhaitable que les règles de déontologie pour les représentants de l'Accusation soient clairement énoncées et comprises, V. Règlement interne du Procureur, *op. cit.*, note 154, p. 7.

l'impartialité. Pour les procureurs, c'est tout le contraire. L'indépendance était posée en clé de voûte, mais n'était pas couplée à l'impartialité dans les statuts des tribunaux *ad hoc*. Ce n'est donc pas forcément anodin que les rédacteurs de Rome introduisent de nouveau l'impartialité. Cela témoigne d'une approche résolument lucide, où ne peuvent être cachés les potentiels risques de conflits d'intérêts, pouvant apparaître à tous les stades de la procédure et dès la saisine *proprio motu*[161]. Le Statut constitue donc la première source éthique de l'Accusation et, contrairement aux TPI, possède des dispositions solides et remarquées.

Comme une évidence, la Cour ne pouvait s'arrêter à ce corps de règles, au risque de se voir reprocher son manque d'approche pour la question déontologique du Procureur. Ses devancières lui avaient cependant préparé le terrain. Les États conférenciers reprirent alors les quelques règles existantes mais se départirent de l'approche centralisatrice des TPI pour les éparpiller dans les différents textes fondateurs. Le RPP ne peut qu'être cité, puisqu'au détour d'un enchevêtrement parfois difficilement compréhensible de règles et de procédures, des règles éthiques sont imbriquées, notamment en matière de présentation des éléments de preuve. Le réel fondement de l'éthique du Procureur n'est toutefois pas ce RPP, mais bien le Règlement du BdP. Contrairement aux TPI, c'est tout de même le Statut qui constitue le centre névralgique des règles éthiques applicables au Procureur, mais le Règlement du BdP est également remarquable et confère au carcan déontologique de l'Accusation la complétude qui lui manquait. C'est particulièrement visible dans le chapitre 3 du texte sur le fonctionnement du Bureau, dans lequel sont rappelées son

[161] Effectivement, cette saisine se base bien souvent sur des renseignements émanant d'organisations, d'associations, ou de toute autre entité. Si, conformément à l'article 15(2), le Procureur doit vérifier « le sérieux des renseignements reçus », une saisine *proprio motu* est parfois couverte couverte d'un voile opaque tant les raisons qui poussent le Procureur à saisir ou à ne pas le faire sont parfois proches et difficilement distinguables. Cette saisine, bien qu'elle soit indissociable du fonctionnement légitime de la Cour, peut donc être le *forum* parfois privilégié de conflits d'intérêts.

indépendance (norme 13) et la soumission des membres du Bureau au Règlement du personnel et aux textes administratifs de la Cour en matière de conduite professionnelle (norme 17). Mais ce sont certainement les normes 14 et 15 qui témoignent d'une originalité bienvenue. Ces règles sont fortement novatrices en précisant certaines stratégies du Bureau, en admettant qu'il doit « rendre publique sa stratégie et participe à l'élaboration du plan stratégique de la Cour ». La norme 15, quant à elle, prévoit une participation du Bureau aux activités d'information et de sensibilisation de la Cour. Ces règles sont bien éthiques, car participant de la stratégie pénale de la Cour et de la stratégie de diffusion de ses travaux, donc, plus globalement, de sa stratégie de fidélisation auprès du public.

Les garanties éthiques de l'Accusation ne cessent de rappeler que la probité du Procureur est consubstantielle à la légitimité de la Cour. Effectivement, on perçoit ce besoin dans les très nombreuses dispositions enserrant le Procureur dans son action. D'un point de vue purement quantitatif, on ne peut être qu'admiratif. Si le contenu de plusieurs règles a été déjà examiné, l'une mérite quelques réflexions supplémentaires. On l'a vu, le système électif est l'une des garanties les plus exacerbées de l'indépendance du Procureur, et les rédacteurs renforcèrent encore ce sentiment en refusant le renouvellement du mandat. Ce renouvellement est assurément une question éthique touchant aussi bien le Procureur que les juges, qui subit les foudres parfois acerbes des commentateurs reprochant aux rédacteurs de l'avoir refusé et d'avoir entaché par voie de conséquence la continuité de la politique pénale de la Cour.

2. Le dilemme du mandat renouvelable face aux nécessités d'une continuité de la politique pénale du B.d.P

La durée du mandat, qui inclut les possibilités de renouvellement, est clairement l'une des garanties de l'indépendance des juges et des procureurs. Il est intéressant d'adopter une approche comparative et de ne pas examiner ces règles du seul point de vue du Procureur mais d'élargir la comparaison aux règles de mandat des juges. Il faut alors rappeler les quelques mots de S. Szurek en la matière, qui considère « qu'aucun système n'est en lui-même ou à lui seul parfaitement satisfaisant et toutes les solutions retenues présentent des avantages et des inconvénients à peu près équivalents »[162]. Effectivement, plus le mandat sera long, plus l'indépendance sera *a priori* garantie car la longueur du mandat « (...) relâche le lien naturel entre le magistrat et l'État ou le groupe à qui il doit sa nomination, en rendant moins pressant le désir éventuel d'assurer son propre renouvellement »[163]. Le modèle de droit international commun est alors un mandat de 9 ans, comme en attestent les durées du mandat pour les juges de la C.I.J., du T.I.D.M., de la C.P.I. et de la CourEDH. Cependant, si les durées du mandat coïncident généralement, les différences se cultivent autour du renouvellement. Le Statut de la C.I.J. prévoit le renouvellement du mandat (article 13§1), comme le Statut du T.I.D.M. (article 5§1). En revanche, les juges de la C.P.I. ne sont pas rééligibles (article 36§9), à l'instar des juges de la CourEDH (article 23§1). Or, le mandat du Procureur n'est pas non plus renouvelable, comme mentionné à l'article 42§4. Le mandat du Procureur s'est donc calqué sur celui des juges de la C.P.I., dans un esprit assumé de favoriser l'émergence d'une politique pénale et d'une entraide pénale entre les différents organes de la Cour. Quant au renouvellement en lui-même, il est donc impossible, contrairement aux juges inter-étatiques. Cette règle peut être critiquée, il est vrai, puisque effritant forcément la politique pénale du BdP. La grande complexité des procédures et la lenteur inhérente aux enquêtes du Procureur conduisent celui-ci à voir ses enquêtes prospérer parfois de très nombreuses années après leur ouverture[164]. Par effet de

[162] S. SZUREK, *op. cit.*, note 55, p. 54.

[163] C. SANTULLI, *op. cit.*, note 52, p. 226.

[164] Sur l'affaire Lubanga, le BdP a commencé les enquêtes le 21 juin 2004, les charges ont été confirmées le 29 janvier 2007 et sa déclaration de culpabilité fut émise le 14 mars 2012 par la Chambre de première instance, 8 années après l'ouverture des enquêtes. Pour Bemba, l'enquête fut ouverte le

conséquences, les procès se font rares devant la C.P.I. C'est pourquoi il pourrait être reproché au mandat de ne pas être renouvelable, un tel renouvellement permettant au BdP de disposer de plus de temps et de plus de moyens dans la conduite de ses enquêtes. L'on connaît, en plus, les grandes différences de stratégies pénales adoptées par les Procureurs lorsqu'ils se succèdent. Ce changement de paradigme, à chaque nouvelle élection, ne peut que déliter la continuité d'une stratégie dans la conduite des enquêtes et des poursuites. Ce reproche est recevable, mais si on envisage le non-renouvellement à propos de notre sujet, c'est le raisonnement exactement contraire qui s'applique. En effet, en prévoyant le non-renouvellement, les rédacteurs ont anticipé le souhait exprimé par l'IDI en 2011[165] et garantissent l'indépendance du BdP de manière accrue. Ce non-renouvellement, au regard des intérêts électifs de chaque candidat, est forcément un gage d'indépendance renforcée puisque le Procureur, en ne pouvant exercer qu'un mandat, s'absout de toute campagne de réélection. Ses missions pourront être menées sereinement, sans être soumis aux différentes pressions étatiques et lobbyistiques pouvant concerner une nouvelle élection. Les rédacteurs semblent ainsi avoir fait le choix d'une indépendance accrue, presque sacralisée, au détriment il est vrai d'une réelle continuité dans la stratégie pénale.

Le tableau des règles éthiques gouvernant les gens de Justice internationale n'est donc pas constitué d'une seule nuance, mais d'une multitude de coups de pinceaux qui viennent s'adapter aux spécificités de chaque fragment de toile. Ces fragments, étant composés par les différents corps de professions, possèdent leurs propres règles éthiques, parfois identiques d'un corps à l'autre, parfois non. Si l'esquisse d'un constat général peut être effectuée, c'est que la préoccupation éthique a concerné de prime abord les juges, dans toutes les

---

10 mai 2007, les charges confirmées le 15 juin 2009 et son acquittement prononcé le le 8 mai 2018, 11 années après l'ouverture des enquêtes.

165 IDI, Session de Rhodes 2011, 6ème Commission, *op. cit.*, note 64, point II, 2.

juridictions, qu'elles soient inter-étatiques ou non. Les arbitres, s'imposant peu à peu comme les modes privilégiés de règlement des différends, ont ensuite vu leur neutralité et leur indépendance encadrées strictement, au point que les premiers textes compilant des règles éthiques ont pu apparaître. Les conseils bénéficient d'une préoccupation éthique moindre, tant la C.P.I. semble être la seule juridiction à leur imposer des règles éthiques solides et précises. D'ailleurs, s'il fallait en retenir une, la C.P.I. semble être clairement le meilleur élève, qui ne peut que recueillir les lauriers des déontologistes tant les règles éthiques gouvernant aussi bien les juges que les conseils ou le Procureur sont foisonnantes. L'apparition de la Cour dans les années où l'éthique devenait une notion « à la mode » n'y est pas étrangère, tout comme le rôle même de la Cour, qui s'apprécie également par rapport aux victimes. Il est absolument nécessaire que le comportement des juges soit encadré, que des règles de conduite leur soient assignées, sans quoi les victimes pourraient voir leurs voeux de justice instrumentalisés par des juges ou des Procureurs à la solde d'intérêts catégoriels. Cette identification des règles éthiques ne peut donc que nous amener au constat de la prise en compte de cette notion « à la mode » par l'ordre juridique international. Cependant, on ne le rappellera jamais assez, nous sommes en plein dans l'époque de l'éthique, de son essor et de ses justifications. Et c'est là toute la problématique de l'éthique, puisque l'on peut se demander si cet effet de mode ne conduit pas à en reconnaître l'existence sans toutefois y attacher d'effets concrets, si la consécration de règles éthiques ne serait pas en réalité un alibi derrière lequel les juridictions cacheraient de nombreuses défaillances de comportements. On touche ici aux conséquences mêmes des règles éthiques sur la conduite des gens de Justice internationale. Il est certain qu'encore une fois, les appréciations seront éminemment diversifiées selon l'acteur et la juridiction concernée.

Chapitre 2 : Les conséquences des règles éthiques sur la conduite des gens de Justice internationale

L'éthique est décidément paradoxale : elle est une notion contemporaine dans le contentieux international mais ses idéaux imprègnent les questionnements sur la justice depuis de nombreux siècles. L'auréole de la morale qui subsiste au-dessus des juridictions n'est pas ancienne, mais l'éthique, qui matérialise aujourd'hui cette morale, est beaucoup plus récente, au point que l'on se demande si les personnels judiciaires d'aujourd'hui se sentent plus enserrés dans la conduite de leurs fonctions. C'est en effet la fonction de l'éthique : juguler en évitant les abus de fonction préjudiciables au cours même de la justice. Le questionnement est alors légitime tant les juges, avocats ou arbitres savent l'importance de rester indépendant et impartial dans leur fonction, ou respectueux du mandat qui les lient avec les parties et la juridiction. Ils n'ont, en toute logique, pas attendu le développement éthique pour affirmer leur indépendance et leur impartialité. Identifier l'impact des règles éthiques sur la conduite des gens de Justice internationale revient donc à en examiner leurs conséquences, sous le prisme de leur respect ou, plus utilement, de leur irrespect. C'est en effet l'irrespect des règles éthiques qui nous permettra de répondre au questionnement relatif aux conséquences des règles éthiques. Si les règles sont respectées, leur utilité n'est *a priori* plus à prouver, à condition que ce respect grandissant soit dû aux compilations de règles éthiques. Si, en revanche, elles ne sont pas respectées, dans une proportion identique à la période qui précède leur édiction, elles ne peuvent qu'être dénuées d'intérêt. L'examen des différentes violations des règles éthiques rendra ainsi possible le dressage d'un premier panorama relatif aux conséquences des règles éthiques sur le comportement des gens de justice (Section 1). Or, on ne peut lister les violations et en déduire utilement des conséquences sans examiner les procédés qui permettent de pallier ces cas d'irrespects. Interviennent alors les différents procédés réparateurs, souvent relatifs aux régimes de responsabilité. Ces procédés se couplent aux règles éthiques dans un système plus large, dont l'objectif terminal est d'assurer le respect d'une bonne administration de la justice, en rétablissant parfois une éthique brisée (Section 2).

Section 1. L'utilité des règles éthiques face à leurs violations

L'utilité des règles éthiques se dessine subrepticement sous les atteintes qui leur sont assénées. Comme pour leur identification, une appréciation différenciée de ces atteintes est nécessaire, et suit d'ailleurs leur identification. On l'a vu, les règles éthiques tendent à assurer le respect, peu ou prou, des mêmes principes directeurs, mais les règles qui sont instituées font étalage de leurs différences selon le corps de profession auquel elles ont vocation à s'appliquer. La violation des règles éthiques, comme pour leur identification, implique de les examiner sous le prisme des juges et arbitres (I), pour ensuite détourner le regard vers les auxiliaires de justice où, déjà, le constat frappe par la plus grande fréquence des atteintes (II).

I. L'atteinte aux règles éthiques des juges et arbitres

Les magistrats voient naître des pratiques toujours plus imprévisibles, qu'ils sont en charge de réguler, parfois de condamner. L'espace d'incertitude est corrélatif au grand dilemme auquel ils font face, puisqu'ils doivent parfois composer avec des prétentions et des règles dont la divergence rend l'élaboration d'une décision juste très difficile. L'éthique s'est insérée dans cet espace d'incertitude, et semble leur être d'un recours précieux. Ce constat est décelable pour le juge, tant l'éthique « guide son regard, rappelle sa faillibilité, donne la mesure de sa responsabilité »[166]. Peut-être titulaires d'une conscience accrue des risques à ne pas adopter un comportement irrespectueux des règles éthiques, les juges peuvent adopter des comportements dilatoires mais leur recensement ne peut conduire qu'au constat de leur rareté (A). *A contrario*, les instances arbitrales, en dépit du foisonnement des règles éthiques gouvernant les acteurs de l'arbitrage, constituent le *forum* privilégié d'apparition des conflits d'intérêts (B).

A) La rareté des violations des juges : témoin d'une indépendance respectée

Au risque d'un effet de masse, seront regroupées les atteintes dans les contentieux inter-étatiques et dans les contentieux d'humanité. Cet aperçu se justifie par un résultat presque identique selon le type de contentieux : les comportements dilatoires sont peu fréquents chez les juges (1). Cette rareté dans la violation ne signifie pas nécessairement que les juges font de leur vertu un cas de conscience outrageusement supérieur à l'examen de conscience des avocats et procureurs, mais peut s'exprimer dans la suffisance du système créé, symbolisé notamment par la mise en action volontaire des procédures préventives de déport et de récusation (2).

---

[166] D. SALAS, H. EPINEUSE (dir.), *op. cit.*, note 6, p. 18.

1. Des comportements dilatoires plus fréquemment rencontrés dans le système de protection des droits de l'homme

Le panorama des atteintes aux règles éthiques mériterait, pour être complet, qu'on envisage tous les cas de violations, et pour toutes les juridictions. À défaut d'être exhaustif, il s'agira plutôt d'être représentatif de la situation en étudiant les cas d'atteintes les plus francs. Devant les juridictions inter-étatiques, il semble que l'utilité des procédures préventives permette de se prémunir assez largement d'une violation caractérisée des règles éthiques. Certaines situations méritent toutefois d'être rappelées. La première est, presque fatalement, la situation s'étant présentée dans l'affaire du sud-ouest africain. Le 15 mars 1965, le Président de la C.I.J. annonçait que le juge Zafrullah Khan ne participerait pas au jugement[167]. Aucune raison ne fut donnée par le Président de la Cour, instaurant malheureusement une certaine pratique du non-dit en la matière[168]. Or, le juge Khan répondit le 1er août 1966, dans un mémorandum de la mission pakistanaise aux Nations Unies : « I never disqualified myself. There were no grounds for disqualifying me »[169]. Des pressions furent en effet exercées sur le juge Khan, témoignant d'une contrevenance évidente des règles éthiques garantissant l'impartialité des juges, en l'occurrence le Président de la Cour qui n'échappe évident pas au respect desdites règles. D'autres comportements suscitent de grandes interrogations. Pour ne citer qu'eux, dans l'affaire des Droits des ressortissants des États-Unis d'Amérique au Maroc (France c. Etats-Unis

---

[167] South West Africa Cases - Pleadings, Oral arguments and documents (I.C.J., 1965).

[168] D.F. VAGTS, *op. cit.*, note 120, p. 255 : « The history of disqualification and recusal of judges of the International Court of Justice is quite extensive. It is, however, somewhat hard to rationalize because decisions are generally made without reasons being given ».

[169] W. M. REISMAN, « Revision of the South West Africa Cases », *Virginia Journal of International law*, 1966, Vol. 7, n°1, p. 55.

d'Amérique)[170], les juges Hackworth et Basdevant ne se sont pas déportés alors même qu'ils avaient été les conseillers légaux de leurs gouvernements respectifs dans les phases antérieures du litige. Ces positions interrogent face aux incompatibilités organisées par l'article 17 du Statut de la C.I.J., qui proscrit la participation ultérieure dans une même affaire d'un juge en tant qu'avocat ou conseil. C'est le même constat pour le juge Klaestad qui participa à l'affaire des pêcheries[171], alors qu'il avait déjà eu à se prononcer sur cette affaire du fait de sa position à la Cour suprême de Norvège. Si la C.I.J. est la seule juridiction inter-étatique envisagée lorsque l'on parle des atteintes aux règles éthiques des juges, c'est parce que ce sont les cas les plus manifestes et les plus représentatifs de la situation devant les juridictions inter-étatiques. Les violations sont rares, notamment car certains juges n'hésitent pas à aller bien au-delà de ce que les règles leur imposent[172].

Devant les juridictions des droits de l'homme et les juridictions pénales internationales, les atteintes suivent le spécifisme de ces juridictions et ne répondent pas aux standards des violations devant les juridictions inter-étatiques. Comprenons par là que sont généralement en cause des risques de conflits d'intérêts au sens large, mais qui ne se manifestent pas de la même façon. Devant la C.I.J., le schéma est habituellement celui d'un juge qui était auparavant représentant d'un État sur la même affaire ou qui a déjà porté une appréciation sur le litige. C'est bien un conflit d'intérêts car le juge travaillait auparavant pour son État, alors qu'il officie maintenant pour la Cour sur les mêmes questions, l'intérêt à résoudre le litige pouvant alors se fondre avec celui de son État. Devant la CourEDH, on peut citer un exemple tout à fait différent, ne traitant pas d'affaires précises où les règles

---

170 Droits des ressortissants des Etats-Unis d'Amérique au Maroc (France c. Etats-Unis d'Amérique), arrêt, C.I.J., Receuil 1952, p. 176.

171 Pêcherie (Royaume-Uni c. Norvège), arrêt, C.I.J., Receuil 1951, p. 116.

172 D. F. VAGTS, *op. cit.*, note 120, p. 256 : « The action of Judge Basdevant in recusing himself from a case questioning a decision of the UN Administrative Tribunal because his daughter, Mme. Suzanne Bastid, had been its president, goes well beyond the rules ».

éthiques furent transgressées mais bien d'une incompatibilité avec des règles éthiques organisée par le texte même de la Convention, telle que révisée par le Protocole n°11. Son article 27, interdit en effet par principe aux juges qui ont rendu un arrêt de première instance de siéger à la Grande Chambre, en prévoyant deux exceptions : le juge national et le président de la chambre. Cette solution, de l'avis du Professeur Popescu, entraînerait des situations « en contradiction manifeste avec la règle de l'impartialité du juge »[173] car le juge statuerait deux fois dans une même voie de recours et ne pourrait ainsi s'absoudre des appréhensions qu'il a porté sur l'affaire lorsqu'il statuait en première instance. Cette incompatibilité est alors organisée par le texte même de la Convention puisque son article 21 prévoit précisément l'impartialité du juge européen, à condition bien sûr que cette pratique caractérise effectivement une situation partiale [174]. Autrement, il faut bien avouer que les comportements des juges sont souvent difficilement en contradiction avec les règles éthiques. Si les règles du juge national et du juge *ad hoc* suscitent de nombreux questionnements sur leur caractère « douteux » [175], certaines illustrations statistiques chassent les doutes relatifs au manque d'indépendance et d'impartialité de certaines juges[176]. Reste à

---

[173] C. L. POPESCU, « la Cour Européenne des Droits de l'Homme », *in* H. Ruiz-Fabri, J-M. Sorel (dir.), *Indépendance et impartialité des juges internationaux*, Pedone, Paris, pp. 39-136, p. 129

[174] Bruno Genevois n'hésite pas tempérer ce constat en répondant au Professeur Popescu que « l'occasion d'un débat en Grande Chambre est une source d'enrichissement pour lui-même comme pour ses collègues. Il est possible que son sentiment premier évolue ». Dean Spielman abonde en ce sens en apportant à l'appui de ses arguments l'opinion partiellement dissidente de M. Costa en l'affaire *Kyprianou c. Chypre* (GC, n°73797/01, CEDH 2005-XIII) qui admettait avoir changé de position lors de son jugement à la Grande Chambre.

[175] Sur l'utilisation de ce mot et du questionnement sur-jacent, C. L. POPESCU, *op. cit.*, note 173, p. 114.

[176] Pour les exemples pratiques, le Professeur Popescu cite de nombreux cas relatifs au juge national ou au juge *ad hoc*, qui ont mérite de signifier la présence d'un comportement conforme aux règles éthiques. V. par exemple la juge *ad hoc* désignée par le Gouvernement roumain dans l'affaire Rotaru c. Roumanie (Mme Weber), qui, loin de défendre son État de nationalité, a au

examiner les juridictions pénales internationales. Le niveau est tout autre lorsque le regard se déplace vers les TPI, où les mises en cause de l'indépendance et de l'impartialité des juges ont été plus fréquentes que dans n'importe quelle autre juridiction[177]. Autant le T.P.I.Y. que le T.P.I.R. furent le théâtre de contestations quant à la composition de la Cour et la place de certains juges que quelques accusés jugeaient trop proches de certains États[178]. La situation devant la C.P.I. est totalement différente puisqu'il est peu fréquent que l'indépendance des juges soit mise en cause, contrairement à celle du Procureur. Si les règles éthiques s'imposant aux juges sont assez largement respectées, un exemple récent s'inscrit en faux dans ce contexte. Fin août 2018, trois juges de la Cour ont entamé leur délibéré dans l'affaire Bosco Ntaganda, et l'une d'entre eux, la juge Kuniko Ozaki, n'exerce plus qu'à mi-temps depuis le 11 février, date de sa prise de fonctions en tant qu'ambassadrice du Japon en Estonie, alors même que début janvier, elle « avait demandé et obtenu de la présidence de la Cour de n'exercer son mandat qu'à mi-temps, pour « des raisons personnelles »[179]. L'activité à mi-temps n'entre pas en contradiction directe avec le Statut de

contraire eu une opinion dissidente plus virulente envers ce dernier que la solution majoritaire de condamnation, cf C. L. POPESCU, *Ibid.*

177 Pour ne citer qu'un exemple, dans l'affaire du Camp de Celebici, les accusés demandèrent la récusation du juge Odio-Benito au motif que celui-ci avait été nommé Vice-Président du Costa Rica (T.P.I.Y., Ch. App., *Le Procureur c/ Zejnil Delalic et al.*, Arrêt, 20 février 2001, §§ 651 et suivants.).

178 Voir l'affaire retentissante du dessaisissement du juge Harhoff au T.P.I.Y., où celui-ci avait écrit une lettre accusant le Président d'avoir exercé des pressions sur ses collègues dans le but d'acquitter les accusés. La Chambre qui fut saisie de ces propos décida « que le Juge Frederik Harhoff avait fait preuve d'une apparence de parti pris inacceptable en faveur d'une condamnation » et qu'il était « par conséquent dessaisi de l'affaire Šešelj », cf Communiqué de presse, MS/CS/PR1578f, T.P.I.Y., « Le Juge Harhoff est dessaisi de l'affaire Šešelj, 29 août 2013 », URL : http://www.icty.org/fr/press/le-juge-harhoff-est-dessaisi-de-l%E2%80%99affaire-%C5%A1e%C5%A1elj

179 S. MAUPAS, « A la C.P.I., une juge devenue diplomate pourrait compromettre le jugement de Bosco Ntaganda », *Le Monde Afrique*, 11 avril 2019, https://www.lemonde.fr/afrique/article/2019/04/11/a-la-cpi-une-juge-devenue-diplomate-compromet-le-jugement-de-bosco-ntaganda_5448814_3212.html

Rome ou le Code d'éthique judiciaire[180], mais les activités diplomatiques exercées en même temps que les activités judiciaires interrogent. Selon l'article 10(2) du Code d'éthique judiciaire, « les juges n'exercent aucune fonction politique ». Si selon S. Maupas, c'est une incompatibilité manifeste, on ne peut que nuancer ces propos tant les « fonctions politiques » peuvent se distinguer « des fonctions diplomatiques ». En tout état de cause, si la C.P.I. a pu juger que la nomination n'était « pas incompatible avec les exigences de l'indépendance judiciaire »[181], le contenu de la communication interroge puisque toute référence au Code d'éthique judiciaire est éludée. Bien sûr, le Statut possède une dimension supérieure mais la référence au Code lui aurait permis de prendre une importance renouvelée. Cela peut aussi témoigner d'une décision qui se sait bancale. En ne se fondant pas sur le Code d'éthique judiciaire, la Présidence admet peut-être implicitement que celui-ci constituait un obstacle pour la validation de la nomination de la juge Ozaki. Si les débats restent ouverts, il est certain que l'irrespect des règles éthiques n'est pas loin, s'il n'est pas déjà présent.

Il est intéressant de noter que ces quelques cas, qu'ils soient inter-étatiques ou visibles devant la CourEDH ou la C.P.I., attestent d'une particularité dans les atteintes. Celles-ci constituent toujours des atteintes liées à une situation plus générale, comme une situation de conflits d'intérêts. Les comportements physiques dilatoires, qu'ils constituent des atteintes au physique d'une autre personne ou des cas d'injure ou de diffamation, sont presque inexistants[182]. Cette rareté dans

---

[180] Selon l'article 35(1) : « Tous les juges sont élus en tant que membres à plein temps de la Cour et sont disponibles pour exercer leurs fonctions à plein temps dès que commence leur mandat. », mais selon le §4, « des arrangements financiers concernant les juges qui ne sont pas tenus d'exercer leurs fonctions à plein temps sont établis conformément à l'article 39 ».

[181] ICC-01/04-02/06, Notification of the Decision of the Plenary of Judges pursuant to article 40 of the Rome Statute, 22 march 2019.

[182] On peut relever un cas, qui n'est même pas visible dans les juridictions que l'on a examiné, puisque concernant l'agression du juge neutre Nils Mangard par deux juges Iranien dans le tribunal arbitral americano-iranien,

les atteintes interpelle nécessairement et nous faire dire que le « système éthique » instauré dans ces juridictions est suffisamment contraignant et intuitif. Effectivement, certaines procédures mises en place dans toutes ces juridictions permettent de prévenir un défaut d'éthique en offrant aux juges le pouvoir de prendre en main leur conduite et d'anticiper des pratiques problématiques.

2. *Les garanties éthiques offertes par les procédures préventives de déport et de récusation*

Le déport et la récusation sont des notions au caractère interniste marqué, qui ont su se transposer avec quelques difficultés en droit international. Si le déport est un principe bien établi, présent dans tous les statuts ou règlements des juridictions internationales, la récusation est au contraire très loin de provoquer l'unanimité des juridictions et institutions internationales. Si les deux notions visent à provoquer le départ momentané d'un juge, qui ne siègera pas dans une affaire précise, la différence de traitement et de réception s'explique par l'origine même de ce départ. Le déport témoigne d'une volonté du juge de ne pas participer à l'instance, qui, de son propre chef, prend l'initiative de ne pas siéger pour préserver son impartialité. La récusation est en revanche un départ provoqué par la mise en cause de l'impartialité d'un juge par une partie, bien souvent avant même le commencement de l'instance[183]. Le départ n'est donc plus issu de la bonne volonté du juge mais bien de la suspicion d'une partie au litige, qui, pensant que le

---

V. R. KHAN, *The Iran-United States Claims Tribunal : Controverses, cases and contributions*, Springer, 1990, p. 72-73.

[183] On parle ici de procédure préventive car le récusation peut intervenir en cas de doutes relatifs à la rupture d'indépendance ou d'impartialité. Si le juge est récusé, c'est alors parce que ces doutes l'empêchent de siéger pour ne pas prendre le risque qu'ils se concrétisent en atteintes. La récusation peut également avoir lieu après le commencement de l'affaire. Elle prend alors nom de révocation, qui intervient cette fois si les doutes se sont concrétisés.

juge ne pourrait être impartial dans l'affaire, demande sa disqualification. La récusation a mis du temps à s'installer dans la procédure internationale, et reste fréquemment éludée dans les textes des juridictions. Dès 1920, Lord Phillimore déclarait, lors de l'élaboration du Statut de la Cour Permanente, que « la récusation é(tait) une institution continentale dont il ne compren(ait) pas bien la nécessité »[184]. Étroitement associée à la procédure continentale, la récusation continua de soulever les critiques de certains auteurs, qui lui préfèrent d'autres notions dans le souci de ne pas porter atteinte à l'autorité du juge international. Il est vrai qu'une haute stature morale est exigée très classiquement, et la récusation viendrait justement reprocher ce manque de stature morale à un juge en le soupçonnant préventivement de partialité. Ce serait toutefois oublier la réalité des contentieux internationaux, et la réalité des fonctions antérieures des juges. Pour ne prendre que la France, les juges sont tous d'anciens hauts fonctionnaires, qui occupèrent des postes aux dimensions politiques marquées. Il est donc logique que certains juges disposent de cette haute moralité au moment de leur élection mais puissent, à l'occasion d'un contentieux bien précis, entrer dans cette zone de collusion avec des intérêts catégoriels dont ils étaient auparavant les promoteurs. On pouvait alors penser que la récusation s'imposerait de fait en droit international. Ce voeu pourrait sembler atteint tant les auteurs parlent volontiers de récusation, et tant la C.P.J.I., qui, sans l'avoir consacré, faisait parfois usage de cette notion[185]. Pourtant, l'emploi du terme est abusif tant les juridictions internationales à l'avoir consacré sont peu nombreuses. Le système de la C.I.J. et du T.I.D.M. sont ici identiques en tous points. L'article 24 du Statut de la C.I.J. se couple à l'article 17 pour former un système tendant à assurer préventivement l'impartialité des juges. Ces articles concernent des cas de

---

[184] Procès-Verbaux des délibérations du Comité de Juristes, 1920, p. 472.

[185] La Cour Permanente notamment lorsqu'elle a été amenée à interpréter le Statut : cf Publications C.P.J.I., série E, n° 7, p. 277 et série E, n° 3, p. 186.

« déport simple » et de « déport suggéré » [186]. Le premier signifie que le juge peut se retirer lui-même du traitement d'une affaire s'il estime qu'il tombe sous le coup des articles 17 ou 24, donc que son impartialité risque de lui faire défaut. Ce déport simple peut prendre une autre voie, puisqu'il peut émaner du Président de la Cour, qui demandera à l'un des juges de se déporter pour une des raisons précisées par les textes, étant entendu que cela reste une suggestion et non un ordre[187]. C'est le déport classique, aussi bien prévu pour la C.I.J., le T.I.D.M. (articles 7 et 8 du Statut), l'O.R.D. (article 17(3) du MARD), la CourEDH (article 28 du Règlement) et la C.P.I. (articles 41§2 et 42§7 du Statut et 34 du RPP). La consécration quasi universelle de ce déport simple nous montre bien que lorsque la procédure émane du juge, son autorité est conservée. C'est effectivement lui qui émettra des doutes sur son impartialité en contestant son affectation dans une affaire donnée. Son volontarisme le met ainsi à l'abri de reproches futurs et le préserve d'une violation des règles éthiques tendant à compromettre son impartialité. En revanche, la récusation fait l'objet d'une acceptation beaucoup moins tranchée.

Les statuts de la C.I.J., du T.I.D.M. et de la CourEDH, ne prévoient nulle part que l'initiative des parties puisse conduire un juge à ne pas participer au jugement d'une affaire. L'initiative du départ incombe soit au juge soit au Président mais ne peut provenir d'une intention directe des parties, pour ne pas compromettre l'autorité du juge. La doctrine a cependant révélé l'existence d'une récusation déguisée, qui reviendrait pour les parties à solliciter du Président le déport du juge, en lui soumettant des arguments qui tendraient au défaut d'impartialité du juge en question. Cette procédure résulte de l'article 34 du Règlement de la C.I.J., révisé en 1978. Elle permet à une partie d'alerter de manière confidentielle le Président sur des risques

[186] L. FAVOREU, « Récusation et administration de la preuve devant la Cour internationale de Justice. À propos des affaires du Sud-Ouest Africain », *AFDI*, 1965, Vol. 11, p. 245.
[187] On perçoit ici toute la difficulté du déport du juge Khan, ce dernier ayant avoué qu'il s'était déporté suite aux pressions exercées contre lui par le Président de la Cour, cf W. M. REISMAN, *op. cit.*, note 169.

de partialité. Si cette voie ressemble substantiellement à la récusation, sans doute n'est-elle pas à proprement parler de la récusation. L'ancien juge Ignacio-Pinto rappelle en effet que « si le Président estime qu'il n'y a pas lieu pour lui d'intervenir auprès du juge en cause, (la) partie ne dispose d'aucun recours »[188]. Ce n'est donc pas encore tout à fait « un procès fait au juge par l'une des parties » [189] , bien qu'on s'en rapproche sensiblement. Cette procédure ne fut que très rarement mise en oeuvre puisque seulement trois demandes de récusation sont recensées[190], notamment dans l'affaire du Sud-Ouest africain, où la Cour n'a pas donné suite aux objections sud-africaines, ou dans l'affaire des Conséquences juridiques de l'édification d'un Mur sur le territoire palestinien occupé, où le résultat fut similaire[191]. Devant la C.I.J., aucune demande de récusation émanant d'une partie n'a donc jamais prospéré [192] . Cette récusation déguisée ou ce « déport suggéré par l'une des parties » est également applicable devant la CourEDH. Si le Professeur Popescu rappelle que « la seule procédure organisée expressément par le Règlement de la Cour est celle du déport du juge concerné » [193], il rappelle également qu'une partie peut alerter le Président de ses soupçons relatifs à l'impartialité d'un juge et que la décision relèvera ensuite de son appréciation discrétionnaire. En revanche, la récusation n'est pas sémantiquement absente de tous les textes régulant les juridictions internationales, puisque l'O.R.D. et la C.P.I. ont adopté des solutions autrement moins empruntes. Le point VIII

[188] R. PINTO, « La Cour internationale de Justice », *Jurisclasseur Droit International*, vol. III, Fasc. 215, 2011, p. 30.

[189] L. FAVOREU, *op. cit.*, note 186, p. 246.

[190] C. GIORGETTI, « The Challenge and Recusal of Judges of the International Court of Justice », *in* C. Giorgetti (dir.), *Challenges and Recusals of Judges and Arbitrators in International Courts and Tribunals*, Brill, Leyden, 2015, p. 28.

[191] La Cour n'a pas fait droit à la demande d'Israël visant à ce que le juge égyptien Elaraby ne siège pas en raison des fonctions antérieurement exercées par celui-ci ainsi qu'en raison d'une déclaration faite à un journal en août 2001 *(C.I.J., ord., 20 janv. 2004 : Receuil C.I.J. 2004, p. 3).*

[192] C. GIORGETTI, *op. cit.*, note 190, p. 17.

[193] C. L. POPESCU, *op. cit.*, note 173, p. 133.

des règles de conduire de l'O.R.D. prévoit ainsi expressément la récusation, qui est applicable selon une procédure extrêmement proche du déport suggéré par l'une des parties. La preuve de violation des principes directeurs d'indépendance et d'impartialité devra en effet être transmise au Président de l'O.R.D., au Directeur général ou à l'OA permanent, mais les rédacteurs n'ont ensuite pas édulcoré le terme en parlant strictement de récusation. Une telle procédure existe également devant la C.P.I., dont les conditions sont fixées aussi bien à l'article 46 du Statut de Rome qu'à l'article 34 du RPP. L'originalité est que la demande de récusation, dans le cas de l'O.R.D., est traitée par le Président, alors qu'elle est soumise en séance plénière pour la C.P.I. et dépend ainsi du vote des pairs. Cette procédure n'est donc pas complètement absente et se couple au déport, ou à la décharge (qui est l'autre nom du déport) dans le système de la C.P.I., pour garantir préventivement l'impartialité des juges participant au jugement. Là où le déport doit normalement constituer un devoir pour le juge dans le cas où son impartialité pourrait lui faire défaut, la récusation est un droit conféré aux parties pour protéger cette éthique qui leur est précieuse. Si la récusation se voit couronner d'un succès très relatif, tant les Présidents sont réticents à remettre en cause l'impartialité des juges, le déport est en revanche une procédure utilisée fréquemment par les juges[194]. Dans l'affaire *certaines terres à phosphate à Nauru* (Nauru v. Australie)[195], un juge se déporta car il avait déjà participé à une commission d'enquête sur le sujet[196]. Le juge Benegal Rau se déporta également de l'affaire *Anglo-Iranian Oil Co*[197] car il était le représentant iranien du Conseil de sécurité quand l'affaire était en discussion[198]. Plus récemment, le juge Abraham

[194] En 2015, 36 cas de déports volontaires avaient été recensés, dont 21 après 2000, voir C. GIORGETTI, *op. cit.*, note 190, pp. 18-25.

[195] Certaines terres à phosphates à Nauru (Nauru c. Australie), exceptions préliminaires, arrêt, C.I.J., Recueil 1992, p. 24.

[196] 1991-92 ICJ Y.B. 198

[197] Affaire de l'Anglo-Iranian Oil Co (competence), arrêt, C.I.J., Recueil 1952, p. 93.

[198] C. GIORGETTI, *op. cit.*, note 190, p. 18.

ne participa pas au jugement de l'affaire *Djibouti c/ France*[199] en raison de son intervention postérieure dans l'affaire en tant que directeur des affaires juridiques du quai d'Orsay. Cette procédure est d'autant plus volontairement usitée que certains juges se déportent alors même que leur impartialité ne serait pas réellement mise en danger. C'est le cas du juge Basdevant[200], ou encore du juge Birsan, élu à la CourEDH au titre de la Roumanie, qui se déporta dans les affaires relatives à la Roumanie et dans lesquelles la décision interne définitive avait été rendue par une formation de la Haute Cour de cassation et de justice de la Roumanie où sa femme, alors Présidente de la Chambre du contentieux administratif de cette Cour, avait siégé[201]. Ces quelques cas illustrent bien la situation des juges inter-étatiques. Si les violations des règles éthiques sont peu présentes, c'est parce que les juges utilisent volontiers les différentes procédures mises à leur disposition. Le souci de ne pas enfreindre leur impartialité, et donc l'autorité de la Cour, est préservé grâce à ces procédures préventives. Le maillage éthique pour les juridictions inter-étatiques semblerait, à ce titre, satisfaisant. On ne peut réclamer de l'éthique seulement pour son symbolisme, et sa seule utilité est de voir si celle-ci possède une influence sur le comportement des acteurs. Or, si les juges sont désireux de ne pas mettre leur impartialité en péril, on ne peut que saluer l'effort entrepris pour que cette impartialité soit respectée en tout état de cause, puisque les règles éthiques auront beaucoup moins de chance d'être transgressées. La faiblesse numérique des règles éthiques se compenserait finalement par cette prévenance éthique des juges internationaux. Le constat est fortement différent pour les autres décideurs ; les arbitres. Si les textes éthiques marquent cette fois de leur présence, l'apposition de leur sceau ne suffit pas à garantir un fonctionnement éthique des arbitres. L'éthique arbitrale semble mise à rude épreuve par les risques de conflits

---

[199] Certaines questions concernant l'entraide judiciaire en matière pénale (Djibouti c. France), arrêt, C.I.J. Recueil 2008, p. 177.

[200] D. F. VAGTS, *op. cit.*, note 120.

[201] C. L. POPESCU, *op. cit.*, note 173, p. 133.

d'intérêts, qui se déploient plus volontiers et brisent fréquemment la confiance placée dans les arbitres.

B) La fréquence des atteintes par les arbitres : témoin d'une indépendance écornée

Les comportements déviants se manifestent avec mansuétude dans une procédure arbitrale. Sans doute conscients qu'ils sont à l'abri des regards, ou du moins pas autant exposés que devant les juridictions internationales inter-étatiques, les acteurs de la communauté arbitrale se délestent souvent de leur bonne foi et adoptent des « tactiques de guérilla »[202]. Ces manoeuvres ressurgissent forcément sur l'arbitre, qui devient le centre des convoitises dilatoires des parties. N'étant pas insubmersibles, de nombreuses violations sont alors observées (1), qui se couplent à l'instrumentalisation des procédures préventives pour former le panorama peu reluisant des atteintes aux règles éthiques (2).

1. Les atteintes à l'éthique des arbitres : la prééminence des conflits d'intérêts

L'oeuvre des avocats et praticiens Günther J. Horvath et Stephan Wilske est tout à fait innovante, tant leur recensement des tactiques de guérilla adoptées dans la communauté arbitrale apporte de la clarté sur la réalité de la situation. Et nul doute qu'elle n'est pas reluisante. Ces pratiques sont fortement « protéiformes et vont bien au-delà de ce que l'on appelle communément 'abuse of process' »[203]. M. Bode, sans son décryptage de l'ouvrage, rappelle la grande « ingéniosité des guérilleros de l'arbitrage », qui n'hésitent pas à coupler la

---

[202] Le terme est emprunté à l'ouvrage G. J. HORVATH, S. WILSKE (dir.), *Guerrilla Tactics in International Arbitration*, Wolters Kluwer, 2013, 429 p.

[203] M. BODE, « Veille de Guerrilla Tactics in International Arbitration », *JDI* (Clunet), n° 4, 2015, biblio. 26, p. 1.

corruption aux atteintes physiques d'ordre criminel. Le centre arbitral voit donc son prétoire manifestement sujet à des comportements dilatoires qui sont si fréquents qu'ils ne sont pas aisés à endiguer. Bien sûr, l'arbitre ne reste pas l'être angélique et hermétique qui observe ce flot de pratiques dans son coin et y reste insensible. Il n'est pas que spectateur des violations éthiques, mais bien souvent malheureusement acteur. L'affaire de la baie de Piran est représentative de ces malfaçons et de ses impacts sur le processus arbitral. La C.P.A. avait pour objectif de rendre une sentence relativement à la délimitation des frontières maritimes entre la Slovénie et la Croatie. Le contexte était particulièrement explosif puisque le tribunal arbitral avait été mis en place sur recommandation de la Commission européenne, et sous fond d'adhésion de la Croatie à l'UE. Très classiquement, ce tribunal était composé de cinq arbitres, dont un arbitre croate et un arbitre slovène, qui ne vont pas résister aux feux médiatiques. En effet, le 22 juillet 2015, un journal croate révèle les enregistrements téléphoniques entre l'arbitre slovène Jernej Sekolec et le représentant du gouvernement slovène à l'arbitrage Simona Drenik, qui coordonnaient leurs actions pour obtenir une décision favorable à Ljubljana des autres arbitres. Leurs conversations révélaient également que la décision de l'arbitrage serait favorable aux Slovènes, qui obtiendraient « au moins les deux tiers des eaux de la baie de Piran ». Forcément, le gouvernement croate ne tarde pas à réagir en appelant à la rupture manifeste d'indépendance et d'impartialité du tribunal, ce à quoi la Slovénie répondit qu'elle ne connaissait pas les relations entre l'arbitre et son représentant. Le résultat fut toutefois sans appel puisque l'arbitre et le diplomate démissionnèrent, et la Croatie désavoua complètement le processus arbitral en cours. C'est d'ailleurs l'un des problèmes majeurs des violations éthiques dans l'arbitrage. En cas d'atteinte dans une juridiction inter-étatique, un juge sera démis de ses fonctions et remplacé par un autre, sans que la procédure soit nécessairement remise en cause. Le système de l'arbitrage est tout à fait différent en tant que pèsent déjà sur la communauté arbitrale des soupçons de partialité dès le commencement. Une atteinte postérieure fragilisera donc fortement la procédure, qui pourrait avoir bien du mal à redémarrer. L'affaire Kessler représente cette situation de soupçon permanent, cette fois dans un arbitrage économique. Une demande de récusation était intervenue dans le cadre d'un arbitrage soumis au règlement d'arbitrage de la CNUDCI opposant la société britannique National Grid à la République d'Argentine. L'Argentine demandait la récusation de l'arbitre Jude Kessler, car celui-ci avait déclaré au cours d'une interrogation d'un expert : « il est clair que l'expert/témoin n'est pas familier avec certains faits {...}. Nous savons dans les grandes lignes qu'il y a eu des dommages majeurs ou des changements majeurs dans les attentes de l'investisseur ». De l'avis argentin, cette simple intervention constituait un préjugé flagrant et entachait ainsi son impartialité. Même si le comité décida de ne pas récuser le juge Kessler, cet exemple témoigne du fardeau de l'arbitrage, composé en grande partie par cette atmosphère permanente de soupçon. Une simple déclaration peut provoquer bien des remous, même s'il s'avère que sa portée fut extrapolée.

Ces nombreuses atteintes n'ont pas mis longtemps à être contestées par les parties. La première contestation en vertu de la convention C.I.R.D.I. a été faite dans l'affaire Amco Asia[204], où l'Indonésie avait demandé la récusation de l'arbitre Edward W. Rubin, qui, avant sa nomination en tant qu'arbitre, avait notamment donné des conseils en matière de fiscalité à l'actionnaire dominant du demandeur. Les demandes de récusation ne cessèrent d'augmenter par la suite, et concernent dans de très nombreux cas des potentiels conflits d'intérêts. On ne peut parler de ces situations sans mentionner l'existence d'une situation tout à fait particulière, concernant tout à la fois les juges internationaux et les arbitres. On aurait d'ailleurs tout à fait pu décrire cette situation en examinant les hypothèses de changement de fonction[205], puisque sont concernés les juges qui deviennent également arbitres alors même que leur mandat n'est pas expiré. Effectivement, il n'est pas rare que les juges soient

---

[204] *Amco Asia Corporation and others v. Republic of Indonesia (Amco Asia)*, ICSID Case n°ARB/81/1, Decision on the Proposal to Disqualify an Arbitrator (June 24, 1982).

[205] Voir Chapitre 2, Section 2, II. A) 1.

désignés membres de tribunaux arbitraux. Si les statuts des centres d'arbitrage ne prohibent pas strictement cette position, l'impartialité du juge pourrait tout de même être questionnée, celui-ci pouvant avoir des préjugés en ayant déjà connu une affaire où l'un des États partie à l'arbitrage était demandeur ou défendeur. C'est pourtant une pratique devenue commune pour les parties à l'arbitrage, ce qui est au fond peu surprenant tant l'expérience des magistrats inter-étatiques est plus que prisée des parties, qui voient dans ces juges des personnels extrêmement compétents et titulaires d'une connaissance appuyée des relations internationales. Tout dépendra bien sûr des réels liens qu'il entretient avec les parties. Mais si aucune situation de nature à fragiliser son impartialité n'est visible, il n'apparaît pas que cette pratique puisse constituer en tant que telle une situation douteuse. En revanche, lorsque l'hypothèse du changement de fonctions est appréciée non plus avec l'œil du tribunal arbitral, mais celui d'une juridiction inter-étatique, la pratique interroge davantage. Refuser d'interroger une telle pratique reviendrait à occulter l'article 16 du Statut de la C.I.J., qui interdit aux juges d'exercer toute autre « occupation de caractère professionnel ». Toutefois, ce qui pourrait paraître comme une incompatibilité manifeste est en réalité une pratique largement acceptée. Un rapport de 1994 de la Cour mettait en évidence l'acceptation de cette pratique, considérant que les juges pourraient continuer à « participer à d'autres activités judiciaires ou quasi judiciaires de nature occasionnelle {…} »[206]. Le débat semblait alors réglé, d'autant plus qu'une année plus tard, l'AGNU admettait qu'un membre de la Cour puisse exercer des missions arbitrales durant l'exercice de son mandat, consacrant *de jure* une pratique déjà établie *de facto*[207].

---

[206] P. COUVREUR, « Article 16 », in A. Zimmermann, *op. cit.*, note 128, p. 367.

[207] Annual Report to the General Assembly for the Period 1August 1995 to 31 July 1996, U.N. GAOR, 51st Sess., Supp. No. 4, at 199, u.N. Doc. A/50/7/Add.u (Dec. 12, 1995). : "the practice of the Court in permitting its members to engage in occasional activities outside of the Court that may be remunerated 'included' acting as arbitrators in inter-State and private international arbitrations, serving in administrative tribunals or quasi-judicial organs of specialized agencies, lecturing, [and] writing".

Ce qui pouvait paraître comme un conflit d'intérêts, constat vite balayé pour l'arbitre, mais plus qualifiable pour le juge, était donc simplement une pratique acceptée s'étant pérennisée[208]. L'on suppose alors que lorsqu'un juge est désigné, celui-ci est plus difficilement contesté, sa position de juge le rendant tributaire, *a priori*, d'une stature morale le plaçant au-delà de tout soupçon. Toutefois, les questions que suscite un tel dédoublement de fonctions étant au fondement même de la fonction du juge, et de son éthique, l'on ne peut s'autoriser à le justifier par des suppositions. La position de la Cour sur ce point méritait d'être clarifiée, nonobstant l'assentiment conféré par l'AGNU, notamment au regard du précité article 16 du Statut de la Cour. Le 25 octobre 2018, une clarification bienvenue de la situation fut apportée par le Président de la C.I.J., dans son tout premier discours à l'AGNU[209]. Si ces discours constituent le moyen le plus solennel de tenir informés les Etats des activités menées par la Cour, ils peuvent tout autant constituer le *forum* privilégié pour informer ces mêmes Etats des changements décisifs d'orientation de la Cour dans sa manière de travailler. L'annonce d'une incompatibilité du dédoublement de fonctions juge et arbitre en est une expression convaincante, le Président Yusuf justifiant cette mesure car la charge de travail de la Cour « ne cessant de s'accroître ». Si des exceptions existent toujours[210], la règle est désormais celle que les juges de la Cour

---

[208] C. GIORGETTI, *op. cit.*, note 190, pp. 11-12 : « In practice, several judges have served as arbitrators in *ad hoc* arbitrations, including in the *Eritrea/Yemen-Question of Territorial Sovereignty and Maritime Delimitation over a Group of Islands in the Red Sea* (Awards of 1998 and December 7, 1999), the *Abyei Arbitration*, and the *Croatia/Slovenia boundary disputes*. Moreover, a growing number of judges also act as arbitrators in international investment proceedings ».

[209] *Discours de S.Exc. M. Abdulqawi A. Yusuf, Président de la Cour internationale de Justice*, à l'occasion de la soixante-treizième session de l'AGNU, 25 octobre 2018, URL : https://www.icj-cij.org/files/press-releases/0/000-20181025-PRE-02-00-FR.pdf

[210] Les exceptions tiennent au fait que « dans l'éventualité où ses membres seraient sollicités, à titre exceptionnel, par un ou plusieurs Etats préférant recourir à l'arbitrage plutôt qu'au règlement judiciaire, la Cour a décidé que, afin de rendre service aux Etats concernés, les juges en question seraient autorisés à prendre part à la procédure d'arbitrage interétatique envisagée,

ne pourront plus exercer en tant qu'arbitre si l'un des Etats parties à l'arbitrage est également partie à un différend devant la Cour, quand bien même ce différend ne posséderait aucun lien avec l'objet du différend se réglant par voie arbitrale. L'on ne peut que saluer cette initiative, car s'il est vrai qu'elle permettra aux juges de ne pas se laisser immerger par une charge de travail qui ralentit le rythme de travail de la Cour, elle assurera tout autant la sauvegarde fondamentale de l'indépendance et de l'impartialité des juges, comme le rappelle très justement le Président Yusuf[211]. Ces derniers, non tentés par les sirènes de l'arbitrage au chant si rémunérateur, auront ainsi un risque infiniment moins grand de voir leur indépendance mise à l'épreuve dans un contentieux arbitral dont l'opacité constitue le lieu le plus propice à des ruptures de cette dernière.

La largesse du panorama des conflits d'intérêts en matière d'arbitrage, ou des situations qui pourraient en déceler, montrent bien que ce sont les arbitres, qui sont également acteurs du monde des investissements, qui seront plus fréquemment mis en cause. Pourtant, des procédures préventives existent là encore, mais semblent plus difficiles à mettre en œuvre. Cette difficulté, couplée à la fréquence des violations, rend le constat peu reluisant et interroge sur la suffisance des textes, pourtant nombreux, posés pour préserver la neutralité des arbitres.

---

pourvu que les circonstances le justifient. Même dans ce cas exceptionnel, le juge ainsi autorisé ne pourra participer qu'à une procédure arbitrale à la fois. Il devra au préalable en avoir obtenu l'autorisation au moyen du mécanisme établi par la Cour. » (v. *Discours de S.Exc. M. Abdulqawi A. Yusuf, Président de la Cour internationale de Justice*, à l'occasion de la soixante-treizième session de l'AGNU, 25 octobre 2018, URL : https://www.icj-cij.org/files/press-releases/0/000-20181025-PRE-02-00-FR.pdf, p. 13).

[211] *Ibid*, p. 13 : « Il est en effet essentiel que l'impartialité et l'indépendance des juges dans l'exercice de leurs fonctions judiciaires soient irréprochables. »

2. *Le spectre de l'instrumentalisation des procédures préventives*

Comme les juges, les arbitres possèdent des procédures mises à leur disposition pour évincer préventivement, en principe, des risques contestataires de partialité. L'arbitre peut bien évidemment refuser sa désignation ou se déporter. Cela lui permettrait d'éviter un climat conflictuel qui se tendrait et entraverait fortement la procédure arbitrale. Maître El Ahdab rappelle que « cette gestion préventive de l'éthique ne paraît toutefois s'imposer que dans l'hypothèse où l'arbitre est convaincu, en son âme et conscience, que sa nomination ou son maintien serait contraire à l'intérêt d'une bonne administration de la justice »[212]. Dans le cas inverse, où la demande de récusation serait purement instrumentalisée, l'arbitre doit résister aux pressions et ne pas céder aux « considérations stratégiques ou opportunistes des parties »[213]. Le curseur est très difficile à placer et l'arbitre est constamment sujet à ces considérations. Bien sûr, vu le nombre de manœuvres dilatoires des parties, il apparaît que l'arbitre résiste bien plus souvent aux pressions qu'il n'y cède. Mais les tentatives étant nombreuses, les atteintes le sont également bien plus que pour les juges. S'il est une procédure qui n'a pas encore été envisagée, c'est la démission. Son classicisme l'évincerait presque de notre étude, tant son particularisme est loin d'être juridique. La démission implique qu'un arbitre se déporte définitivement de l'affaire, car celui-ci sent que sa présence contrarierait le cours de la procédure arbitrale. Évidemment, des questions de conflits d'intérêts sont présentes, puisque la démission est souvent la conséquence d'une rupture d'impartialité. Les règles relatives à la démission ne sont pas propres aux arbitres, puisqu'elles existent également classiquement pour les juges[214] et constituent « la protection ultime de l'indépendance et de l'impartialité d'un

---

[212] J. EL AHDAB, *op. cit.*, note 14, point 16.

[213] *Ibid.*

[214] Article 5 du Règlement de la C.I.J. ; Article 6 du Règlement de la CourEDH, etc.

juge »[215] en lui permettant de se retirer volontairement d'une affaire pour préserver son indépendance ou son impartialité. Cette logique de la démission chez les arbitres est identique, mais son utilisation diffère sensiblement. Comprenons par là que la procédure est usitée chez les juges inter-étatiques, non pas si leur impartialité risque de se dissoudre, mais plutôt en cas de graves problèmes de santé ou d'une incompatibilité à long terme, qui les font quitter la Cour de manière définitive[216]. Ce fut le cas du juge Awn Shawkat Al-Khasawneh, qui démissionna de la Cour après avoir été nommé Premier ministre de la Jordanie[217], et le cas du juge Bedjaoui, qui démissionna après avoir été nommé Président du Conseil Constitutionnel algérien[218]. La démission est autrement utilisée par les arbitres, qui démissionnent théoriquement s'ils pensent ne plus être capables de rester impartiaux et neutres dans l'exercice de leurs fonctions. Cette procédure est toutefois largement instrumentalisée par les parties à l'arbitrage, puisque la démission peut être « motivée par des considérations stratégiques ou opportunistes des parties » [219]. Mais là où l'instrumentalisation de la démission est frappante, c'est quand elle vient de l'arbitre. Il arrive effectivement que celui-ci « fasse le choix de démissionner intempestivement, très tard dans la procédure arbitrale, de manière à causer un prolongement de cette dernière »[220] dans le cas où la dynamique de l'instance ne serait pas favorable à la partie qui l'a désigné. Il est donc certain que des procédures existent, mais celles-ci peuvent être

---

[215] C. L. POPESCU, *op. cit.*, note 173, p. 87.

[216] C. GIORGETTI, *op. cit.*, note 190, p. 16.

[217] Press Release No. 2012/1, Int'l Court of Justice, The Security Council has fixed the date for the election of a successor to Mr. Awn Shawkat Al-Khasawneh, former judge and Vice-President of the International Court of Justice (Jan. 20, 2012), URL : http:// www.icj-cij.org/presscom/files/1/16861.pdf.

[218] Press Release No. 2001/20, Int'! Court of Justice, Judge Mohammed Bedjaoui, Former President of the Court, Will resign as a Member of the Court as of 30 September 2001 (July 6, 2001), URL : https://www.icj-cij.org/files/press-releases/0/000-20010706-PRE-01-00-FR.pdf

[219] *Ibid.*

[220] R. DUPEYRE, *op. cit.*, note 118.

largement mésutilisées pour favoriser telle ou telle partie à l'arbitrage. L'instrumentalisation des règles et procédures est donc tout à fait régulière dans une procédure arbitrale, alors même qu'elles sont particulièrement nombreuses et parfois largement innovantes.

Les codes éthiques, chartes ou recommandations de l'IBA sont les premiers textes à être délibérément violés ou instrumentalisés, et cette association ne peut que constater l'échec du voeu d'introduire une déontologie forte et respectée dans l'arbitrage. Ces lignes directrices souffrent très sûrement d'un manque de reconnaissance officielle puisque leur valeur normative est très certainement de la *soft law*[221], et n'oblige donc pas obligatoirement ceux auxquels elles se destinent.
Il ne semble pas qu'un simple renforcement de la valeur juridique des règles applicables aux seuls arbitres soit suffisant. Absolument tous les acteurs participant à une procédure sont potentiellement sujets à des comportements dilatoires, et, plus que jamais, une bonne sentence arbitrale procédera d'une procédure dénuée de vice dans son ensemble. Le renforcement des règles éthiques applicables aux parties ou conseils ne pourra que renforcer celle des arbitres et réciproquement. Il ne semble pas non plus qu'un simple renforcement de la valeur juridique de ces règles suffise à endiguer la multitude des pratiques dilatoires de toutes les parties à l'arbitrage. Conférer une valeur obligatoire aux règles n'est pas la panacée si aucun mécanisme ne permet d'en assurer le respect. Effectivement, M. Stephens rappelle que « even if one can find a power to impose the ethical rules that apply, the power is meaningless without the complementary mechanism to enforce them » [222] . Ces mécanismes désignent les règles permettant à l'arbitre de rester hermétique aux pressions qui l'oppressent, en renforçant par exemple le devoir de révélation. Constamment rappelé, ce devoir peut être une charge pour l'arbitre qui craindrait la récusation en en disant tellement qu'il fournirait aux parties des

221 A. ZHAKIROV, *op. cit.*, note 107, p. 41.

222 M. STEPHENS, « Ethics in International Arbitration : Some reflections in Singapore », *Arbitration – CIArb*, n°3, 2014, p. 294.

arguments pour sa récusation[223]. Il ne suffit donc pas de conférer à la révélation toute la portée obligatoire qu'elle mérite, en la qualifiant de règle intransgressible sans l'encadrer plus strictement et la coupler avec la réalité du travail d'un arbitre. D'un devoir, elle doit aussi être dans l'intérêt direct de l'arbitre et ne pas constituer seulement un fardeau le poussant à aller plus loin de ce que l'on exige de lui. Cette révélation cristallise d'ailleurs les difficultés inhérentes à l'éthique dans l'arbitrage. Les codes éthiques sont donc foisonnants mais ne sont pas suffisants. Leur conférer une portée obligatoire ne peut résoudre purement et simplement le problème, si l'approche globale de la communauté arbitrale n'est pas prise en compte. La situation diffère donc largement de celle des juges et possède des analogies plus flagrantes avec la situation des auxiliaires de justice, particulièrement les avocats. Les violations des règles éthiques sont assez similaires et les mêmes questions se dessinent indubitablement, notamment celles relatives au renforcement de la valeur juridique des règles éthiques.

II. L'atteinte aux règles éthiques par les auxiliaires de justice

Si les juges s'enracinent dans une fonction possédant ses propres codes, même à l'international, les auxiliaires de justice représentent en revanche les électrons libres du procès international. Ne possédant jamais une fonction purement réservée aux contentieux internationaux, les auxiliaires amènent avec eux leurs traditions juridiques, leurs façons de faire, et leurs déviances. Et c'est bien de cette rencontre entre ces différentes cultures que naissent parfois des situations conflictuelles. Arman Sarvarian rappelle ainsi que « the college of international lawyers has become increasingly aware of the propensity of these cultures to conflict, creating important procedural problems » [224]. Les comportements dilatoires se

[223] D. BISHOP and L. REED, *op. cit.*, note 115.

[224] A. SARVARIAN, *op. cit.*, note 135, p. 2.

révèlent donc beaucoup plus aisément que pour les juges, surtout chez les avocats et conseils (A). Le Procureur est dans une situation totalement différente. Étant la cheville ouvrière des poursuites internationales, il est constamment sujet aux pressions étatiques et mène une bataille judiciaire féroce avec les équipes de la défense. En rappeler son importance ne permet pas d'occulter ses comportements dilatoires, mais de rappeler que ceux-ci s'inscrivent dans un contexte qu'on ne retrouve nulle part ailleurs (B).

A) La grande fréquence des violations par les avocats

Les violations doivent se distinguer selon la juridiction devant laquelle officient les conseils auteurs de malfaçons. Les atteintes sont protéiformes et empruntent des expressions différentes selon qu'elles surgissent devant les juridictions inter-étatiques ou dans un contentieux d'humanité. Dans le premier cas, les atteintes sont assez classiques et se manifestent avant tout dans l'utilisation des éléments de preuve (1). Dans le deuxième, les atteintes sont plus diversifiées et parfois symptomatiques d'un manque de professionnalisme évident des conseils (2).

1. Les violations dans les contentieux inter-étatiques : les atteintes à la véracité des preuves

Les tribunaux internationaux sont tous le théâtre d'effets de manche se transformant parfois en dilemmes éthiques pour ceux qui s'y prêtent. Un conseil est en effet confronté au respect d'une certaine loyauté procédurale, qui s'applique normalement tant à l'égard de son client qu'à l'égard de la juridiction. Or, le contentieux touchant souvent à des intérêts d'une importance fondamentale pour les États, il n'est pas rare que des directives douteuses soient adressées aux conseils et agents ou que les comportements dilatoires des gouvernements engagés dans le litige imprègnent celui des représentants. Certaines pratiques des conseils flirtent alors avec l'irrespect des règles éthiques, et y sont même parfois clairement contraires notamment dans la production des éléments de preuve. Ce constat est d'abord applicable devant la C.I.J. Il faut tout de suite mentionner que devant cette Cour, les agents sont tout autant concernés que les conseils. Dans l'affaire des *Activités militaires et paramilitaires au Nicaragua et contre celui-ci*[225], l'agent du Nicaragua, qui était le ministre des Affaires étrangères du Nicaragua, fut mis en cause par le juge Schwebel bien des années plus tard, dans un article dont le titre détonne, puisque affirmant que le Nicaragua avait commis « a Fraud on the Court »[226]. Était reproché à l'agent du Nicaragua d'avoir produit un *affidavit* qui affirmait que le Nicaragua n'avait apporté aucune aide à l'opposition salvadorienne. Malgré les contestations de Paul Reichler, alors conseil du Nicaragua dans cette affaire[227], il apparaît pourtant que le Nicaragua ait bien trompé la Cour en maintenant qu'ils n'avaient jamais été engagés dans le trafic d'armes avec les rebelles salvadoriens[228]. La place de l'agent dans le contentieux le rend en effet tributaire des directives de son État en étant son représentant, le poussant à s'exposer forcément encore plus que les conseils à des malfaçons. Toutefois, il arrive que l'agent ait un comportement dilatoire sans vouloir protéger ou avantager son État. C'est ce qu'a révélé le juge Oda quand celui-ci a reproché à un agent, dans l'affaire des *Activités armées sur le territoire du Congo*[229], d'avoir abusé des demandes unilatérales présentées, sans épuisement préalable des voies diplomatiques, dans l'intérêt privé des avocats plutôt que dans celui de l'État qu'il représentait[230]. De nombreux autres exemples pourraient

---

[225] *Activités militaires et paramilitaires au Nicaragua et contre celui-ci (Nicaragua c. Etats-Unis d'Amérique)*, compétence et recevabilité, arrêt, C. I.J., Recueil 1984, p. 392.

[226] S. M. SCHWEBEL, « Celebrating a Fraud on the Court ». *AJIL,* Vol. 106, 2012, pp. 102-105.

[227] P. S. REICHLER, « The Nicaragua Case : A Response to Judge Schwebel », *AJIL*, Vol. 106, 2012, pp. 316-321.

[228] S. M. SCHWEBEL, « The Nicaragua Case : A Response to Paul Reichler », *AJIL*, Vol. 106, 2012, pp. 582-583.

[229] *Activités armées sur le territoire du Congo (République démocratique du Congo c. Ouganda)*, arrêt, C.I.J., Recueil 2005, p. 168.

[230] *RDC c. Ouganda*, Déclaration du Juge Oda, p. 132.

être cités, montrant que l'agent est l'auteur principal des comportements dilatoires. Sa posture d'État le conduit souvent à utiliser toutes les armes mises à sa disposition pour remporter le procès, peu important que ces moyens travestissent la réalité. L'avocat n'est toutefois jamais très loin, et ne peut toujours se cacher derrière l'imputabilité des comportements frauduleux aux agents.

Devant la C.I.J., on ne peut aborder les atteintes aux règles éthiques sans parler de la fameuse falsification dans l'affaire *Qatar c/ Bahreïn*[231] où le Qatar produisit une série de 82 faux documents pour conforter ses prétentions lors de la procédure écrite. Si le conseil ne fut pas directement blâmé pour cette falsification, car la règle de la *lex parsimoniae* suggéra que les archives du Qatar étaient directement responsables[232], son comportement ne peut qu'être soumis à interrogation, eu égard à à sa connaissance de la fraude en question. Évidemment, le conseil est tenu par le principe de confidentialité, notamment rappelé dans les *Principes de La Haye*[233], mais celui-ci est également tenu de respecter un devoir de loyauté envers la Cour. C'est le fameux dilemme éthique qui se présente au conseil ou à l'avocat. Choisir de respecter l'un des deux principes le mettra fatalement dans une position attentatoire à l'autre règle éthique. A. Sarvarian rappelle dans ce cas précis qu'une exception au principe de confidentialité « would empower counsel to dissuade clients from misconduct »[234]. Un peu à la façon des arbitres, un devoir de révélation mériterait alors d'être consacré dans certains cas précis. Cela aurait d'ailleurs permis aux débats de se dérouler d'une bien meilleure façon, tant ces derniers ont été « pollués » de manière durable par cette fraude, même révélée avant l'ouverture de la phase orale[235]. Bien sûr, la C.I.J. n'est pas la seule juridiction à voir les avocats officiant devant

---

[231] *Délimitation maritime et questions territoriales entre Qatar et Bahreïn*, compétence et recevabilité, arrêt, C.I.J., Receuil, 1994, p. 112.

[232] A. SARVARIAN, *op. cit.*, note 135, p. 97.

[233] Hagues Principles, Principle 3.4.

[234] A. SARVARIAN, *op. cit.*, note 221.

[235] Plaidoirie Lauterpacht, 8 juin 2000, p. 11-15.

elle confrontés à ce dilemme. Le T.I.D.M., au-delà des cas de violations des agents[236], voit dans de nombreuses affaires des avocats cumuler des fonctions qui interrogent. Dans l'Affaire du Louisa, l'avocat du propriétaire du navire était également le co-agent de Saint-Vincent. Même si Saint-Vincent était l'État du pavillon du navire, cela interroge quant au cumul d'intérêts du représentant. Dans l'affaire du *Grand Prince*[237], l'agent de Belize était également le conseil du propriétaire du bateau. Encore une fois, cette situation pose question quant à la présence d'un éventuel conflit d'intérêts[238]. Si l'on peut se tourner cette fois vers les arbitrages relatifs à l'investissement, les exemples ne manquent pas devant le CIRDI. L'affaire *Foresti*[239] constitue la référence. L'un des conseils des défendeurs avait affirmé pouvoir obtenir une transaction dans laquelle chaque partie conservait la charge de ses frais, moyennant le paiement d'un pot-de-vin. De nombreux autres exemples impliquent a « breach of duty » devant les tribunaux arbitraux, notamment des intimidations[240], de l'espionnage[241] ou

---

[236] Voir *Affaire du Navire « Louisa » (Saint-Vincent-et-les Grenadines c. Royaume d'Espagne)*, arrêt, T.I.D.M., Recueil 2013, p. 4, où l'agent de Saint-Vincent-et-Grenadine ne s'est pas présenté à l'audience. La co-agente, ressortissante de Saint-Vincent, s'est retirée en milieu de procédure orale. Si ces retraits correspondent totalement à la politique des États de libre enregistrement, qui se désintéressent très souvent du contentieux suite à une procédure de prompte mainlevée, cela ne va pas sans poser des problèmes quant à l'éthique d'argents qui se retirent d'une procédure en cours. L'intérêt de la justice et les devoirs envers le tribunal sont dans ce cas mis à rude épreuve.

[237] *Grand Prince (Belize c. France)*, prompte mainlevée, arrêt, T.I.D.M., Recueil 2001, p. 17.

[238] A. SARVARIAN, *op. cit.*, note 135, p. 84.

[239] *Piero Foresti, Laura de Carli et autres c. République d'Afrique du sud (2010)*, ARB(AF)/07/1 (Centre international pour le règlement des différends relatifs aux investissements), en ligne : Investment Treaty Arbitration <http://ita.law.uvic.ca/index.htm> [Piero Fauresti - Sentence].

[240] T. W. WÄLDE, « 'Equality of Arms' in Investment Arbitration : Procedural Challenges », *in* Katia Yannaca-Small (dir.), *Arbitration under International Investment Agreements : A Guide to the Key Issues*, Oxford University Press, 2010, p. 169, où le Professeur Wälde cite (à la page 169) l'affaire *Sempra v. Argentina* et *Enron Corporation v. Argentina*, (Sempra Energy International v. The Argentine Republic, I.C.S.I.D.,

encore des kidnappings devant la CNUDCI [242]. Tous ces exemples montrent bien qu'en dehors de l'arbitrage, les violations des règles éthiques des avocats, conseils et agents, prennent la forme presque exclusive de falsifications de documents et d'éléments de preuve ou du cumul de fonctions permettant au conflit d'intérêts de faire flotter son spectre au-dessus de l'instance. Les atteintes devant les juridictions pénales internationales et des droits de l'homme sont relativement plus larges, et, bien qu'englobant très certainement les différentes situations suscitées, révèlent également des comportements dilatoires par leur caractère injurieux ou calomnieux. Les exemples ne manquent pas et témoignent d'un questionnement inhérent à ces juridictions, relatif à la qualité des avocats et conseils.

2. *Les violations dans les contentieux d'humanité : des conflits d'intérêts aux abus de procédure*

Le spectre des atteintes aux règles éthiques par les représentants des parties[243] devant les juridictions des droits de l'homme comporte beaucoup plus de phases et de couleurs que devant les juridictions inter-étatiques où les atteintes sont essentiellement perceptibles dans la production frauduleuse

n°ARB/02/16, Award, September 28, 2007, at para. 31 ; *Enron Corporation and Ponderosa Assets, L.P. v. Argentine Republic*, I.C.S.I.D., n°ARB/01/3, Award, May 22, 2007, at paras. 141, 142), comme exemples de messages intimidants ou d'appels téléphoniques pour intimider le demandeur.

[241] Voir les discussions au regard de l'interception alléguée d'e-mail dans l'affaire *Libananco Holdings Co Ltd v. Turkey* (Libananco Holdings Co. Limited v. Republic of Turkey, I.C.S.I.D., n°ARB/06/8).

[242] Voir l'enlèvement d'un arbitre par l'État qui l'avait nommé dans l'affaire *Himpurna v. Indonesia (Himpurna California Energy Ltd (Bermuda) v. Republic of Indonesia*, XXV YBCA, 2000, pp. 109-201.

[243] On utilise le terme de « représentant » car l'article 44D du Règlement de la Cour utilise ce terme plutôt que celui d'avocat pour suggérer que sont aussi bien concernés les avocats que les agents.

d'éléments de preuve[244]. La spécificité des atteintes à la règle 44D du Règlement est particulièrement représentative de cette diversité. Cette disposition prévoit l'interdiction pour les représentants d'employer un langage insultant ou diffamatoire[245]. On en comprend tout l'intérêt lorsque l'examen des situations litigieuses devant la Cour atteste de la présence répétée de tels propos. Dans les arrêts *Duringer et Grunge c/ France* et *Apinis c/ Lettonie*[246], les représentants allaient jusqu'à accuser les juges de la Cour d'avoir commis des crimes de « la plus haute gravité » dans une dimension infamante toujours plus poussée. Les agents des États ne sont pas non plus en reste, puisque de nombreux cas impliquent tant des langages offensants[247] que des accusations sans fondement contre la Cour[248]. L'article 44D n'est donc pas là par hasard et prend en compte la réalité des situations se déroulant devant la Cour. Bien sûr, les atteintes ne se limitent pas à ces cas de langage outrancier et englobent à peu près toutes les situations imaginables. Au-delà des cas très classiques de conflits d'intérêts, certains représentants violent sciemment certaines règles pour que leur requête puisse être considérée comme étant présentée dans les délais. C'est le cas dans l'affaire *Foxley*[249] où le représentant de l'appliquant « was found by the Court to have attempted to deceive it (and to have succeeded in deceiving his unfortunate client) by clumsily forging letters of

---

[244] A. SARVARIAN, *op. cit.*, note 135, p. 144 : « From conflict of interest to courtesy to competence, there have been a number of occasions in which agents and counsel alike have behaved in an ethically questionable manner ».

[245] Article 44 D : « Si le représentant d'une partie formule des observations abusives, frivoles, vexatoires, trompeuses ou prolixes, le président de la chambre peut l'exclure de la procédure, refuser d'admettre tout ou partie des observations en cause ou rendre toute ordonnance qu'il juge appropriée [...] ».

[246] CourEDH, *Duringer et Grunge c. France*, req. n° 61164/00 et 18589/02, 4 février 2003 ; CourEDH, Apinis c. Lettonie, req. n° 46549/06, 20 septembre 2011.

[247] CourEDH, *Varbanov c. Bulgarie*, Req. n° 31365/96, 5 octobre 2000 ; CourEDH, *Manoussos c. République tchèque et Allemagne*, Req. n° 46468/99, 9 juillet 2002.

[248] CourEDH, *Rehak c. République tchèque*, Req. n°67208/01, 18 mai 2004.

[249] CourEDH, *Foxley c. Royaume-Uni*, Req. n°33274/96, 20 juin 2000.

acknowledgment by the Commission in order to prove the application had been made within the deadline » [250] . Dans l'affaire *Al-Nashif*[251], l'avocat bulgare n'avait cette fois pas eu le temps de s'entretenir avec le client et avait donc omis des « évènements d'importance capitale » dans la demande de son propre chef[252]. Ces quelques faits montrent que les violations peuvent venir de tous les côtés, et que certains faits, d'apparence anodine, peuvent être bien plus attentatoires à l'éthique qu'on ne le pense. C'est précisément le cas des deux derniers arrêts suscités où les atteintes à la règle 44D, qui prohibe les « soumissions inappropriées », sont assez claires, tout comme les atteintes plus générales aux devoirs de coopération des représentants avec la Cour (Article 44A du Règlement de la Cour). Sans prétendre à l'exhaustivité, ces quelques exemples révèlent l'étendue de la situation devant la Cour de Strasbourg où les atteintes sont plurielles et d'une diversité malheureusement remarquable. Devant la C.P.I., le constat est différent. A. Sarvarian eut d'ailleurs bien du mal à recenser les atteintes des avocats et conseils devant la Cour tant les quelques exemples sont presque exclusivement cantonnés aux tribunaux pénaux *ad hoc* et aux tribunaux pénaux internationalisés[253]. Les exemples sont effectivement bien moins flagrants et allèguent beaucoup plus d'un échange de coups entre les services du BdP et les équipes de la Défense, sans qu'on ne puisse vraiment identifier les charges qui sont réelles de celles qui sont fausses. L'affaire Lubanga en est la parfaite illustration. Alors que la Défense reprochait à l'Accusation son manque d'impartialité[254],

[250] A. SARVARIAN, *op. cit.*, note 135, pp. 152-153.

[251] CourEDH, *Al-Nashif c. Bulgarie*, Req. n°50963/99, 20 juin 2002.

[252] A. SARVARIAN, *op. cit.*, note 135, p. 153.

[253] V. par ex. pour le TSSL, M. Yada Williams fut sanctionné par la Cour pour avoir verbalement et physiquement agressé l'un des membres de la Cour (TSSL, décision du 10 novembre 2005).

[254] A. SARVARIAN, *op. cit.*, note 135, p. 217 : « The defense complained that a novel published by Mr Gil Courtemanche called Un lizard au Congo allegedly 'called into question the rights of the accused and the entire judicial process, including the Judges of the chamber". The Defense asserted that the fact that the author was an OTP consultant and worked "very closely with Mr Ocampo, for whom he drafted numerous speeches, and that in addition this

le BdP répondait que cette critique était complètement dénuée d'intérêt et une « catastrophique perte de temps pour la Cour »[255]. Plus que des agissements clairement contraires aux règles éthiques, ce sont bien ces échanges de bons procédés qui minent les relations entre le Procureur et la Défense et posent des questions éthiques adjacentes.

C'est donc véritablement pour la CourEDH que les atteintes sont les plus flagrantes. Si l'approche pragmatique l'emporte, ce constat n'est aucunement une surprise. Il est utile à ce titre de rappeler que les avocats et conseils sont tout simplement beaucoup plus présents devant la Cour de Strasbourg que devant toutes les autres juridictions internationales. Si l'on prend la C.I.J., au 1er juin 2017, la Cour avait été saisie de 168 affaires (41 affaires contentieuses et 27 affaires consultatives), alors qu'en mars 2019, un rapport statistique de la Cour montrait qu'elle avait rendu plus de 21.600 arrêts. Forcément, et même si la présence d'un avocat ou d'un conseil n'est pas obligatoire devant la Cour, cet écart plus que significatif dans le nombre de contentieux conduit à la présence accrue d'avocats devant la Cour de Strasbourg. Mais une fois ces raisons de bonne logique mises à part, un autre constat pourrait expliquer cette recrudescence des atteintes. Cela tient au professionnalisme des représentants exerçant devant les juridictions en cause. Par cette notion, il faut entendre la compétence intrinsèque des conseils et avocats, leur niveau de qualification qui leur permet d'exercer leur fonction de manière judicieuse pour le client et pour la Cour. Or, on pourrait être surpris en affirmant que cette professionnalisation conduit pourtant les représentants à commettre plus de violations devant la CourEDH que devant la C.I.J. alors même que l'article 36 du Règlement de la CourEDH exige que le représentant soit « un conseil habilité à exercer dans l'une quelconque des Parties contractantes et résidant sur le territoire de l'une d'elles, ou une

book talks not about Mr Lubanga but about Mr katanga and that this individual is the first accused before the ICC a,d that the charges leveled against him are exactly the same as those leveled against the accused" breached the prosecution's duty of impartiality ».

255 *Lubanga*, Verbatim Record, p. 19.

autre personne agréée par le président de la chambre ». Or, l'on sait également que le barreau invisible de la C.I.J. est composé en très grande majorité de Professeurs d'Université[256]. À première vue, on pourrait tout simplement penser que les représentants devant la CourEDH, étant des avocats et conseils dans leurs ordres juridiques nationaux, connaissent mieux les procédures contentieuses, et, logiquement, les risques d'atteinte aux règles éthiques. Pourtant, c'est le constat inverse qui prime. Les Professeurs seraient-ils un corps de profession à plus grande prévalence éthique ? Une telle affirmation serait évidemment trop simple, et peu respectueuse de la profession d'avocat. La réponse se trouve probablement dans la contrition du barreau auquel appartiennent les conseils devant la C.I.J. Alain Pellet rappelle que ces conseils connaissent « les règles du jeu »[257] et possèdent de ce fait une grande connaissance des règles procédurales et éthiques qui existent. Sans doute que les avocats de la CourEDH y sont moins familiers. Toutefois, ce constat serait également simpliste, puisqu'il est évident que malgré une connaissance possiblement amoindrie des procédures et règles existantes, les conseils devant la Cour de Strasbourg savent en revanche que des propos injurieux ou calomnieux sont répréhensibles en entachant la procédure. Pourtant, on l'a vu, il n'est pas rare qu'ils s'y adonnent. C'est là que la professionnalisation prend toute son ampleur, en provoquant l'interrogation sur la qualité intrinsèque des représentants. La naissance d'un tel questionnement, serait, selon A. Sarvarian, imputé à Shakespeare qui dans l'Acte IV de sa pièce Henri VI, conseillait aux révolutionnaires « to firstly kill all the lawyers by creating judicial systems that specifically excluded professionnel counsel as a privileged and corrupt class »[258]. On ne sait pas à quel point l'influence shakespearienne influa la pratique devant la Cour de Strasbourg, et peut être est-elle d'ailleurs inexistante, mais il assez frappant de constater que certains juges se plaignent fréquemment du manque de qualité des plaideurs. Un juge de la Cour rappelait par exemple :

---

[256] A. PELLET, *op. cit.*, note 119, p. 439.

[257] *Ibid*, p. 438.

[258] A. SARVARIAN, *op. cit.*, note 135, p. 13.

> « Generally the standard of advocacy is not good in our court…but that's largely because we don't have professional advocates most of the time. It's only when we have the British, as we have quite a lot, that we have really good professional advocates. Then they're very well argued. Most of the time the arguments are conducted on behalf of the government by civil servants who work in their various departments. They have absolutely no experience or skill or qualification as an advocate and it shows. They're very poor at the presentation of the cases »[259].

Une partie des membres de la Cour pense ainsi que la qualité des avocats et conseils devrait être augmentée et consolidée. On ne peut alors qu'associer ce manque de professionnalisme aux atteintes éthiques, qui constitue l'un des facteurs de leur grande fréquence. Ce n'est pas le seul, mais c'est un défaut tout à fait notable. Par comparaison, si le barreau invisible de la C.I.J. pose aussi quelques questions quant au respect de certaines règles éthiques, il possède au moins l'avantage d'être constitué par des conseils et des avocats avertis. A. Sarvarian rappelle d'ailleurs tout au long de son étude sur les contentieux européens que les juridictions doivent absolument trouver le moyen de rehausser cette éthique, en exigeant des avocats des qualifications supérieures. Si le manque de professionnalisme des avocats devant la CourEDH est donc un reproche assez souvent formulé, d'autres auxiliaires de justice voient leur qualité fréquemment remise en cause. Le BdP de la C.P.I. n'échappe en effet certainement pas aux critiques, ne venant cette fois pas majoritairement des juges mais des observateurs extérieurs et des victimes. Son absence de déontologie lui est souvent reprochée, et il est vrai que le premier Procureur de la Cour, M. Moreno Ocampo, a donné à ces échos une résonnance tout à fait incontestable.

---

[259] D. TERRIS, C. ROMANO, L. SWIGART, *The International Judge: An Introduction to the Men and Women Who Decide the World's Cases*, Brandeis University Press, 2007, p. 85.

B) Le Procureur et l'absence de déontologie

La Cour pénale internationale serait inefficace, la Cour serait trop lente, la Cour serait politisée sont autant d'arguments constamment usités pour déplorer l'existence d'une Cour pouvant être dérangeante et s'ingérer de trop près dans les intérêts étatiques. Ces objections ressurgissent à chaque fois que la Cour émet une opinion ou qu'une actualité éclate en son sein. Le tri doit être fait entre les critiques qui pointent réellement un défaut existant, et celles qui ne sont absolument pas fondées. Certaines d'entre elles n'hésitent d'ailleurs pas à soulever le manque d'indépendance ou d'impartialité dont le Procureur peut parfois faire preuve. Ce seront ces contestations qui nous intéresseront. Il est vrai que même si certains défauts peuvent être soulevés, car étant le fruit d'une fatalité malheureuse[260], d'autres laissent effectivement présager un manque d'éthique chez l'organe de la poursuite. Sa politique pénale mérite d'être examinée à ce titre, celle-ci pouvant s'écarter parfois largement de la politique déclarée (1). De cette mise en place d'une politique pénale parfois douteuse en découle des techniques pénales propres à l'Accusation, qui ont déjà pu prendre un sens dilatoire et peu respectueux des règles éthiques en présence (2).

---

260 Sur la politisation de la Cour, cf C. JORDA, et J-P. CHAGNOLLAUD, « Le juge et le politique », *Confluences Méditerranée*, Vol. 64, n°1, 2008, p. 12 : « Mais pour la justice internationale, c'est endémique ; c'est presque le génome de la justice internationale. Se masquer cette réalité, c'est se condamner à l'échec » ; B. COTTE « La Cour pénale internationale: l'expérience d'un magistrat français », *La revue des droits de l'homme*, 11 | 2017, mis en ligne le 22 décembre 2016 (consulté le 26 mai 2019), URL : http://journals.openedition.org/revdh/2776 ; DOI : 10.4000/revdh/2776 : « Et oui ! Mais comment pourrait-il d'ailleurs en être autrement et faut-il s'en offusquer à ce point ? ».

1. *Une déontologie confrontée à la mise en place de sa politique pénale*

La politique pénale du BdP s'exerce selon le principe cardinal encadrant sa stratégie pénale : l'opportunité des poursuites. Celle-ci introduit de la sélectivité dans les enquêtes du BdP qui doit orienter sa politique en sélectionnant et hiérarchisant les affaires. Pour l'instant, rien ne permet de reprocher au BdP un manque cruel d'éthique, celui-ci mettant en place ses stratégies pour s'assurer que certaines personnes visées par les mandats et les enquêtes puissent être déférées devant la Cour. Cela participe donc de l'efficacité de la Cour. L'opportunité des poursuites vise également à prendre en compte la réalité du travail de l'Accusation et à lui conférer des armes pour que ses enquêtes puissent prospérer malgré les très nombreux obstacles rencontrés. Toutefois, en dépit d'une large communication depuis l'arrivée de Mme Bensouda sur les stratégies mises en place, cette politique pénale fait l'objet de multiples contestations, au point que certains lui reprochent un manque criant de partialité dans la conduite des enquêtes. La sélection des affaires est le principe le plus blâmé, le plus contesté, en raison d'une controverse grandissante sur la manière d'opérer. Serait reproché à au Procureur de sélectionner les affaires en ciblant sa justice, et en orientant les enquêtes et poursuites vers la partie la plus fragilisée. La FIDH soulignait par exemple que « même si le Bureau souligne que les enquêtes et poursuites sur lesquelles il se concentre doivent être représentatives de toute la criminalité d'une situation donnée, cette politique ne semble pas avoir été appliquée systématiquement »[261]. C'est ce qu'on appelle « la criminalité inégale en zone de guerre ». Dans certaines affaires, les critiques fusèrent au point qu'elles influèrent sur le BdP puisque ce dernier changea sa politique de poursuite dans un conflit donné.

---

[261] FIDH, *« Le Bureau du Procureur de la CPI - 9 ans plus tard- Analyse de la stratégie et des politiques de poursuite du Bureau du Procureur (2003-2011), recommandations à la prochaine Procureure de la CPI »*, Décembre 2011, n°579, fhttps://www.fidh.org/IMG/pdf/cpiprocfranc_ais-2.pdf, p. 9.

En RDC, le Procureur demanda en effet à ses enquêteurs de se pencher sur le cas des dirigeants des FRPI et du FNI, qui se battaient contre l'UPC et qui se composaient de Nigit et de Lendu. L'arrestation de Katanga et d'Ngudjolo serait alors une réaction à la perception de plus en plus partiale de la C.P.I. en RDC. Le Procureur a essayé de rattraper son action subséquente en procédant à des arrestations touchant les deux communautés. Mais selon HRW, « the extensive delay in moving forward may have caused irreparable damage to perceptions about the ICC's impartiality in the DRC »[262]. Le mal serait finalement fait et le soupçon de partialité bien imprégné dans les pensées d'une partie de la population en RDC. Toutefois, cette approche séquentielle polymorphe, prenant la forme qu'elle souhaite en fonction du conflit, n'apparaît pas directement contraire aux règles éthiques encadrant l'action du Procureur. S'il est constamment rappelé dans le Statut de Rome, dans le RPP ou dans le Règlement du BdP que l'indépendance et l'impartialité du Procureur sont consubstantielles à la légitimité de la Cour, encore faudrait-il prouver que cette orientation est clairement motivée par des considérations partiales. Le contexte extrêmement sensible du travail du BdP ne peut donner aux déclarations des parties impliquées dans une situation un caractère de vérité irréfragable. Bien sûr, l'approche séquentielle peut être instrumentalisée, et il ne s'agirait pas de contester cela. Mais cette instrumentalisation procède bien souvent d'un désir d'efficacité à outrance ou d'une absence de coopération sur le terrain, plutôt que d'une partialité réelle. En revanche, d'autres actions du BdP, relatives à la mise en place de ses stratégies, laissent entrevoir une atteinte beaucoup plus frontale aux règles éthiques.

Le Règlement du BdP comporte quelques règles extrêmement innovantes dans la pratique de la déontologie judiciaire, telles que les normes 14 et 15 qui obligent le BdP à « rendre publique sa stratégie et à participer à l'élaboration du

---

262 Human Rights Watch, *« Courting History, the Landmark International Criminal Court's First Years »*, July 2008,1-56432-358-7, https://www.hrw.org/sites/default/files/reports/icc0708_1.pdf, p. 52.

plan stratégique de la Cour ». Cette règle, pouvant apparaître comme moins fondamentale que celles directement relatives à la prévention des conflits d'intérêts, est pourtant l'un des plus grands enjeux de la Procureure actuelle. Effectivement, l'ancien Procureur, Luis Moreno Ocampo, impressionnait peut-être par sa communication, mais pas au sens où on l'entend. Auteur de frasques et de déclarations remarquées, l'action de son Bureau était fortement opaque, et ce au sein même de ses équipes. Si le public n'avait que peu d'informations à disposition, même les relations avec ses équipes d'enquêteurs étaient assombries. L'on sait notamment que « ceux qui enquêtaient sur les crimes de guerre en RDC ont exprimé leur frustration qu'un jour, sans explication, les procureurs avaient dit à l'équipe enquêtant sur un ancien chef de l'Union des patriotes congolais, UPC, Thomas Lubanga, d'abandonner un travail d'enquête d'un an et demi et de se concentrer uniquement sur l'utilisation d'enfants soldats »[263]. Un tel manque de communication dans la prise de décisions était alors de nature à affecter l'efficacité de l'action de la Cour. Ce manque de communication, ce manque de visibilité donnée aux actions du BdP entre en contradiction directe avec les normes du Règlement suscitées. Même si le cas de la RDC ne pouvait constituer une violation de ces règles, le Règlement du BdP étant entré en vigueur postérieurement, l'opacité de la politique pénale de Moreno Ocampo continua tout au long de son mandat, et ne fut endiguée qu'après l'entrée en fonction de Fatou Bensouda. La communication devint l'un de ses chevaux de bataille, en atteste le rapport annuel sur les activités menées en 2017 en matière d'examen préliminaire, qui promeut « la sensibilisation du public et la transparence en ce qui concerne le processus des examens préliminaires du Bureau et les activités afférentes »[264]. Cet exemple est tout à fait

[263] K. GLASSBOROW, « La stratégie d'enquête de la CPI sous le feu des critiques », *in* Institute for War & Peace Reporting, *Rapport spécial : Violence sexuelle en République démocratique du Congo*, octobre 2008, p. 9, disponible en ligne : http://www.iwpr.net/pdf/IWPR_NL_DRC_special_102008_fr.pdf

[264] CPI-BdP, Rapport annuel sur les activités menées en 2017 en matière d'examen préliminaire, 4 décembre 2017,https://www.icc-cpi.int/itemsDocuments/2017-PE-rep/2017-otp-rep-PE_ENG.pdf

représentatif de la cristallisation des reproches sur le fonctionnement du BdP. Sa politique pénale est constamment soumise à désapprobation, et s'infléchit parfois devant l'âpreté des critiques. Mais les atteintes aux règles éthiques restent sous-jacentes, voire inexistantes, car impossibles à prouver et à imputer frontalement aux services du BdP. Ce sont en réalité les pratiques beaucoup plus techniques usitées par le Procureur qui révèlent les atteintes les plus frontales. Ce n'est plus la mise en place d'une stratégie mais les techniques pénales utilisées dans le cadre des enquêtes ou des poursuites qui interrogent. L'activité professionnelle n'est toutefois par le seul terrain d'expression de ces atteintes. La vie privée de l'ancien Procureur fut également l'objet de nombreuses contestations, et ses détracteurs s'en emparèrent volontiers pour arguer du caractère dilatoire de certains comportements privés qui contamineraient la fonction de Procureur.

2. *Les comportements dilatoires : des exemples touchant tant la sphère privée que la sphère professionnelle du Procureur*

Le recensement des comportements attentatoires devrait nous prendre bien plus qu'un ou deux paragraphes pour en comprendre tous les enjeux. L'étude de sa politique pénale devait être faite, car c'est bien de cette politique, souvent à la limite de l'irrespect de certaines règles, que naissent les comportements intrinsèques aux pratiques pénales et à la pratique des poursuites. Certaines techniques d'investigation apparaissent alors fortement compromettantes lorsqu'elles sont utilisées à des fins reprochables. Le witness-proofing en est une illustration[265]. Mais le regard se tournera plus aisément vers

---

[265] A. KAI, « 'Witness Proofing' before the International Criminal Court : A reply to Karemaker, Taylor and Pittman », *Leiden Journal of International Law*, 2008, Vol. 21, n°4, pp. 913-916 : « The serious risks of manipulation involved in the witness proofing process outweigh the supposed benefits in that a distinction between 'familiarisation' and 'coaching' does not work in practice and mitigation of the risks is doubtful ».

l'affaire Gbagbo, dont le retentissement et l'issue constituent pour certains un véritable « fiasco politique »[266], révélant clairement certaines pratiques attentatoires du BdP. Le procès Gbagbo déboucha, le 15 janvier 2019, sur un acquittement de l'ancien président ivoirien. Les juges ont en effet considéré que les preuves n'attestaient pas de la planification par Laurent Gbagbo d'une « politique ayant pour but d'attaquer une population civile »[267]. Cette défaite retentissante de l'Accusation trouvait de très nombreux échos dans les rangs de la Défense, qui n'hésitait pas à rappeler toutes les défaillances du BdP sur le dossier. Les juges, lors de l'audience de confirmation des charges s'étant déroulée en 2013, avaient également rappelé au Procureur que son dossier était vide et qu'il devait largement le compléter. Les juges établirent une liste de six points sur lesquels le Procureur devait renforcer ses preuves, en désignant spécialement les rapports balistiques, les preuves médico-légales, etc. Maître Fauveau Ivanovic, ancienne membre de l'équipe de Défense de Laurent Gbagbo, rappelait que « ces recommandations étaient très contestables car de telles preuves étaient très faciles à fabriquer »[268]. Une telle déclaration pourrait presque paraître irraisonnable tant les implications d'une fabrication de preuves sont fortes et à l'exact opposé de ce que représente la Cour. Pourtant, il s'avère effectivement que le BdP utilisa dans ses preuves des vidéos fortement à charge, qui représentaient en vérité une situation filmée au Kenya en 2008 et ne touchant donc aucunement, de près ou de loin, la situation de Gbagbo. Même si ce « trucage » fut finalement révélé par le BdP quelques jours avant l'audience, l'absurdité est si palpable que d'importantes questions se posent sur la qualité des services du BdP. Et c'est d'ailleurs le principal reproche adressé suite à cette affaire, Me Ivanovic considérant par exemple que ce

---

[266] S. MAUPAS, « La C.P.I. survivra-t-elle au fiasco du procès Gbagbo ? », *Le Monde Afrique*, 23 janvier 2019, https://www.lemonde.fr/afrique/article/2019/01/23/la-cpi-survivra-t-elle-au-fiasco-du-proces-gbagbo_5413490_3212.html

[267] *Le Procureur c. Laurent Gbagbo et Charles Blé Goudé*, ICC-02/11-01/15

[268] Les propos furent tenus lors des 4èmes journées de la JPI se déroulant à Paris le 1er février 2019.

trucage était sûrement « dû à une incompétence générale du BdP plutôt qu'à une véritable intention dolosive ». C'est aussi l'avis de Stéphanie Maupas, qui déplore « la médiocrité des enquêtes et des stratégies de poursuite », qui « se transforment en fardeau collectif, décourageant juristes et fonctionnaires de la Cour »[269]. Même si l'intention dolosive était absente, une telle pratique ne peut que résulter d'une violation palpable des règles éthiques en vigueur. Si, déjà, le vide du dossier et sa conduite dans l'affaire Gbagbo pouvaient attester d'une impartialité sujette à controverses, le trafic de vidéos est clairement une atteinte à un certain nombre de règles éthiques gouvernant la conduite du Procureur. L'alibi du manque de compétences ne peut absoudre celui qui se rend coupable d'une faute flagrante de toute responsabilité. D'ailleurs, nul n'est-il pas censé ignorer la loi ?[270]

Ces atteintes, qu'on peut qualifier de professionnelles aux règles éthiques, s'épaississent lorsque le regard s'oriente vers des activités composant cette fois la sphère privée du Procureur. Luis Moreno Ocampo est encore une fois désigné, tant les scandales post-mandat ont fait débat et ont posé des questionnements relatifs à la désignation du Procureur. Effectivement, l'ancien Procureur Argentin, dont l'ironie de la situation veut qu'il ait été ancien militant anti-corruption, vit son image écornée en raison d'une détention de sociétés offshores au Panama, dans les îles Vierges britanniques et au Belize, alors même qu'il était encore en poste à la C.P.I., « des sociétés qu'il n'a bien sûr jamais mentionnées lors de sa prise de fonction, arguant aujourd'hui qu'on ne lui a 'rien demandé' »[271]. Le Procureur n'est définitivement pas un ardant défenseur de la

---

[269] S. MAUPAS, *op. cit.*, note 179.

[270] Cette fiction juridique française représente pourtant la situation de la meilleure des manières. Si certaines manoeuvres peuvent être « pardonnées » au BdP, en raison de la réalité des situations, une telle faute, un tel manquement aux règles éthiques, ne devrait pas tomber dans l'oubli.

[271] « Sociétés offshore: l'ex-procureur de la C.P.I. soupçonné de dissimulation fiscale », *L'express*, 2017, https://www.lexpress.fr/actualite/monde/societes-offshore-l-ex-procureur-de-la-cpi-soupconne-de-dissimulation-fiscale_1948178.html

transparence. À l'achèvement de son mandat, Médiapart révéla également qu'il monnayait ses services auprès de cadres libyens, dont Hassan Tatanaki, un homme d'affaires jadis proche du régime Kadhafi. Rien d'illégal, rappelait-il en 2017, mais un comportement qui interroge fortement, se situant à la limite de l'éthique, si le constat n'est pas trop à charge, ou en contradiction flagrante avec les règles éthiques pour certains[272]. D'autres comportements pourraient d'ailleurs lui être imputés, nous faisant véritablement comprendre la difficulté de la tâche de Mme Bensouda, qui doit, depuis, constamment se justifier pour des choix faits par son prédécesseur.

Le panorama des atteintes éthiques des auxiliaires de justice n'est donc pas franchement séduisant, ou brille au contraire de mille feux pour ceux s'annonçant réfractaires à tout encadrement des acteurs juridictionnels, à toute régulation éthique. Contrairement aux juges, les différents systèmes imposés sont beaucoup plus fréquemment violés. Le constat est donc tout fait paradoxal. Là où les règles sont les plus présentes, sont les plus foisonnantes, elles sont également plus fréquemment contournées. Finalement, les règles éthiques ne manifesteraient donc pas un désir supérieur de protéger l'éthique des arbitres ou des auxiliaires de justice, mais bien une réaction entraînée par la fréquence des comportements dilatoires. Toutefois, ces règles ne suffisent pas toujours puisque les exemples de violations sont toujours multiples et ne semblent pas se restreindre au contact des règles éthiques. Fut alors décidé de ne pas laisser les règles éthiques seules, dans un système qui les dépasserait, mais de les coupler non plus aux procédés préventifs mais aux procédés réparateurs. Ces derniers interviennent en aval des violations, avec l'objectif assumé de les atténuer en rétablissant une éthique qui se brise sous les coups qui lui sont infligés.

---

272 Nicolas Tiangaye, avocat et ancien ministre de Centrafrique, considèrent que ces comportements étaient fortement « contraires à l'éthique et que cela a jeté le discrédit sur la C.P.I », cf M. OLIVIER, « C.P.I. : le lourd héritage de Luis Moreno Ocampo à la C.P.I. », *Jeune Afrique*, 30 juillet 2018, https://www.jeuneafrique.com/mag/607348/societe/cpi-le-lourd-heritage-de-luis-moreno-ocampo-a-la-cpi/

Section 2. Les procédés de rétablissement d'une éthique « brisée »

L'éthique brisée désigne cette situation transitoire entre la violation et la réaction à cette violation. Une fois l'atteinte constituée, les conséquences se déploient. Les règles éthiques ne servent pas simplement à enjoliver la moralité des juridictions et des acteurs y officiant, ou à montrer à la société qu'ils savent aussi appréhender ce concept si actuel, mais possèdent des réelles répercussions sur la conduite d'un procès et sur la délibération juridictionnelle. Si une règle éthique n'est pas respectée, subsistera un soupçon déligitimant fortement la sentence qui ressortira de la délibération. Bien sûr, tout dépend de la violation en cause, puisque les atteintes ne possèdent pas toutes les mêmes implications. Mais en tout état de cause, il est nécessaire que des procédés réparateurs interviennent en aval de l'atteinte pour y répondre (I). Le premier objectif est naturellement de montrer à celui qui commet l'atteinte qu'il n'est pas tout-puissant et ne se situe pas au-dessus des règles qui l'enserrent. Le deuxième objectif est simplement d'assurer l'égalité entre les parties, en ne permettant pas qu'une violation éthique reste impunie et désavantage l'autre partie. Toutefois, après étude de ces procédés, on ne peut qu'être interloqué par la rareté de leur mise en oeuvre. Si dans certains cas celle-ci peut s'expliquer, dans d'autres cette inapplication est fortement préjudiciable pour le cours de la justice et conduit à questionner l'utilité de la règle éthique et sa mise en oeuvre (II).

I. L'existence de procédés réparateurs

Ces procédés réparateurs ne sont pas à proprement parler des règles éthiques. On l'a vu, le champ disciplinaire se distingue de l'éthique en elle-même, et fait partie d'un système plus large tendant à fournir aux règles éthiques la complétude qui leur manquait. Les procédés disciplinaires leur permettent de ne pas rester sans conséquence en cas de violation. Finalement, ils se situent dans une sorte d'interstice sanctionnateur. Des procédures existent dans les très nombreux textes qui composent le fondement des juridictions, et sont même parfois plus présentes que les règles éthiques en elles-mêmes. Tel un arbre cachant la forêt, leur présence fait face à la rareté de leur mise en œuvre, ce constat étant autant décelable pour les juges et arbitres (A) que pour les auxiliaires de justice (B).

A) Le champ disciplinaire de l'éthique : les règles sanctionnatrices concernant les juges et arbitres

Le classicisme de certaines procédures réparatrices est incontestable, en tant qu'elles sont applicables aussi bien aux juges qu'aux arbitres, et dans toutes les juridictions. Malgré certains procédés s'imposant comme des indispensables dans l'ordre juridique international, leur usage n'atteste pas d'un volontarisme aigu de la part de ceux qui sont compétents pour les actionner. Ce constat est d'ailleurs bien visible pour les juges (1). Pour les arbitres, les procédures sont plus diversifiées et c'est justement cette diversification dans le champ des sanctions qui en permet le plus grand usage (2).

1. L'usage modéré des procédures impliqué par l'inamovibilité des juges

L'inamovibilité des juges est traditionnellement conçue comme une garantie fondamentale de l'indépendance des magistrats, en tant qu'elle « suppose, d'un côté, leur irresponsabilité de principe et, d'un autre côté, une responsabilité (marginale) qui ne peut être engagée que devant ses pairs »[273]. Cette inamovibilité est donc tout à fait spécifique, puisque conférant à la fois des droits aux juges qui garantissent

---

[273] C. L. POPESCU, *op. cit.*, note 173, p. 92.

leur indépendance, tout en leur imposant des devoirs sous la forme d'une responsabilité disciplinaire, même marginale. Cette responsabilité est aussi bien consacrée pour la C.I.J. (article 18§1 du Statut), le T.I.D.M. (article 9 du Statut), la CourEDH (article 24 de la CEDH révisée par le Protocole n°11) ou l'O.R.D. (règles de conduite). Schématiquement, sa mise en oeuvre prend la forme d'une révocation qui constitue « la plus grave sanction disciplinaire en général et la seule possible pour un juge de la Cour »[274]. Ce constat fait à l'égard des juges de la Cour de Strasbourg est également applicable pour les autres juridictions citées, où la mise à l'écart du juge semble être la seule sanction disciplinaire en cas de violation d'une règle éthique. Si les conditions de majorité pour actionner la procédure peuvent différer[275], la décision est toujours prise par les pairs du juge révoqué, par exemple en assemblée plénière pour la CourEDH. Si ces procédures permettent donc de tenir compte de la violation, de ne pas la laisser dépourvue de tout effet, elles ont aussi « pour objet d'assurer l'indépendance de la Cour »[276]. Le lien avec les règles éthiques et leur appartenance à un même système est donc incontestable. Pour la C.P.I., une fois n'est pas coutume, les règles sont beaucoup plus nourries. L'article 46 du Statut de Rome parle de « perte de fonctions » et renvoie au RPP le soin de définir les sanctions disciplinaires et les procédures. Contrairement aux juridictions sus-citées, sont prévues plusieurs sanctions disciplinaires, qui sont graduées pour tenir compte de la gravité du « manquement au devoir de la charge » (règle 24). Le RPP distingue effectivement la « faute lourde » de la « faute d'une gravité moindre » et envisage des

---

274 *Ibid.*

275 L'unanimité est requise pour la C.I.J. et le T.I.D.M., tandis qu'une simple majorité des deux tiers suffit pour la CourEDH et la C.P.I, V. IDI, Session de Rhodes 2011, 6ème Commission, *op. cit.*, note 64, p. 21 : « La règle de l'unanimité peut poser à cet égard problème, un seul vote inspiré par exemple par l'amitié pouvant bloquer une décision nécessaire. Mais on peut à l'inverse s'interroger sur la légitimité d'une majorité des deux tiers face à une minorité importante. Une majorité renforcée des 3/4 ou 4/5 semblerait à cet égard plus appropriée ».

276 *Ibid* : « Le Rapport explicatif au Protocole n°11 souligne expressément que ce texte a pour objet d'assurer l'indépendance de la Cour ».

possibilités de révocation pour la première et de blâme et d'amende pour la deuxième. Cette graduation dans la faute et dans la sanction est tout à fait novatrice et prend véritablement en compte la réalité de la situation d'un juge. Celui-ci peut très bien commettre une faute, mais dont la gravité ne mérite toutefois pas qu'il soit évincé de la formation de jugement. Si tel est le cas devant la C.I.J. ou la CourEDH, le juge ne sera pas révoqué mais aucune sanction ne sera prise si on s'en tient à la lettre des textes. Forcément, le sentiment du plaintif, de celui qui invoque le défaut d'éthique, ne pourra qu'être réprobatif. Il aurait peut-être été judicieux de sa calquer sur les procédures mises en place par le Statut de Rome, qui n'attestent pas franchement d'une exclusivité imposée par le droit pénal international.

En tout état de cause, ces quelques procédures restent très rarement mises en oeuvre. Bien sûr, il faut remettre ce constat en perspective avec la rareté des violations commises par les juges. Toutefois, la rareté ne signifie pas leur inexistence, notamment chez les TPI *ad hoc*, où certains comportements étaient très souvent conspués par les parties. Il a fallu attendre 2013 pour qu'un juge soit dessaisi pour la première fois, car il avait accusé le Président de Chambre d'avoir fait pression sur les juges en faveur de l'acquittement de certains accusés[277]. Considérant que ces révélations étaient une atteinte « au devoir de réserve et à l'éthique judiciaire », le juge danois avait été

---

[277] D. BERNARD, « Une allégorie de la fonction de juger en droit international pénal », *RIEJ*, Vol. 71, n°2, 2013, p. 186 : « Dans la lettre attribuée à Harhoff, on lit ceci : 'Have any American of Israeli officials ever exerted pressure on the American presiding judge to ensure a change of direction ? We will probably never know. But reports of the same American presiding judge's tenacious pressure on his colleagues in the Gotovina-Perisic case makes you think he was determined to achieve an acquittal (...) Was Orie [le juge hollandais] under pressure from the American presiding judge ? It appears so ! (...) I am sitting here with a very uncomfortable feeling that the court has changed the direction of pressure from the "military establishments" in certain dominant countries. (...) The latest judgements here have brought me before a deep professional and moral dilemna, not previously faced. The worst of it is the suspicion that some of my colleagues have been behind a short-sighted political pressure (...)' ».

dessaisi[278]. Hormis ce cas particulier, certains juges peuvent avoir commis des comportements frauduleux sans pour autant avoir été révoqués. C'était bien le cas des juges Hackworth et Basdevant devant la C.I.J. qui ne s'étaient pas déportés alors même qu'ils avaient été conseillers juridiques auprès de leurs États dans les phases antérieures du litige. Or, l'article 17 du Statut de Rome interdit clairement aux juges de « participer au règlement d'aucune affaire dans laquelle ils sont antérieurement intervenus comme agents, conseils ou avocats de l'une des parties… ». La différence entre un conseiller juridique et un agent ou conseil est si ténue que l'absence de sanctions interroge. C'est le même constat pour la juge Ozaki, dont le comportement révèle une atteinte beaucoup plus générale et largement consentie aux règles éthiques. Si l'éthique de la juge est clairement fragilisée par sa fonction diplomatique concomitante à son exercice partiel de sa fonction de juge, le comportement des juges qui eurent à considérer cette position pose également question. Ils se sont effectivement contentés d'avaliser dans les grandes lignes cette situation, mettant de plus en grand danger la résolution de l'affaire visant Bosco Ntaganda[279]. Pour le Professeur Kevin Jon Heller, « that was simply overt blackmail, taking advantage of the fact that she knew her colleagues would not want to restart a trial that began more than three years ago »[280]. Il considère ensuite que la juge Ozaki « must resigned, or me removed »[281]. La charge est réelle mais compréhensible au regard de la situation. Pour autant, les

---

[278] Communiqué de presse, *op. cit.*, note 178.

[279] S. MAUPAS, *op. cit.*, note 179 : « Depuis le 11 février, l'une des trois juges qui siègent dans cette affaire n'exerce plus qu'à mi-temps. Le temps restant, Kuniko Ozaki le consacre à ses nouvelles fonctions d'ambassadrice du Japon en Estonie. En conséquence, l'avocat de Bosco Ntaganda, Stéphane Bourgon, a réclamé début avril la suspension du délibéré, le temps de « vérifier si la juge Kuniko Ozaki doit être disqualifiée ». Selon les textes de la CPI, seuls les trois juges ayant siégé au procès peuvent délivrer le verdict. Puisque aucun juge suppléant n'a suivi le procès, la disqualification de la juge japonaise entraînerait donc sa reprise totale… »

[280] K. J. HELLER, « Judge Ozaki must resigned - or be removed », *Blog Opinio Juris*, mars 2019, http://opiniojuris.org/2019/03/29/judge-ozaki-must-resign-or-be-removed/ (consulté le 30/05/2019)

[281] *Ibid.*

juges n'ont mené aucune procédure de révocation, et semblent ici faire passer les impératifs financiers avant l'impératif d'une gestion saine de l'affaire et respectueuse des règles éthiques, puisque reprendre le procès depuis les origines si la juge était remplacée occasionnerait d'énormes coûts. Le dernier exemple ne fait cette fois pas écho d'une violation non sanctionnée, la situation étant beaucoup trop récente. Est fait référence aux propos du juge français à la C.P.I., Marc Perrin de Brichambaut, tenus lors d'une conférence à la Peking Law School en 2017. La transcription des propos, beaucoup plus récente, fait état de propos qui ont reçu un accueil mitigé. Le juge a en effet non seulement déclaré qu'il « n'aimait pas du tout l'un des avocats des victimes dans l'affaire Lubanga parce qu'il était encore plus pénible que M. Hooper »[282], mais également qu'il ignorerait une disposition du Statut de Rome en matière d'appel dans l'affaire Bemba car il n'appréciait tout simplement pas le système d'appel instauré par la disposition en cause[283]. Sans que cela constitue une violation éthique, on peut vraisemblablement s'interroger sur les conséquences d'une telle déclaration. La situation pose nécessairement problème puisqu'un juge annonce qu'il n'appliquera pas une disposition alors même qu'il y est obligé par l'article 82 du Statut de Rome. La réaction de la Cour est forcément attendue, même si ces propos, tenus en 2017, doivent forcément déjà être connus des autres juges. Encore une fois, il est très peu probable que des sanctions soient prises. Cette rareté dans la mise en œuvre des procédés est assez gênante en tant qu'elle fait perdre de la crédibilité aux

---

[282] K. J. HELLER, « Problematic Statements by the French Judge at the ICC », *Blog Opinio Juris*, mai 2019, http://opiniojuris.org/2019/05/03/problematic-statements-by-the-french-judge-at-the-icc/ (consulté le 24/05/2019).

[283] Le Professeur Heller reprend les propos du juge Brichambaut, qui déclara exactement : « I sat in the Bemba and others Chamber… Judge [Schmitt], serious German judge, no nonsense: "Interlocutory appeals — I don't have. None. Full-stop. I agreed, actually, and the Filipino judge also agreed. We all said, "We won't accept any interlocutory appeal. If they have any questions to make they will make it in the full appeal. That allowed us to reach a decision from the beginning of the trial process to the end of the trial process in 400 days… So we were civil lawyers in Bemba and others. We said interlocutory appeals shouldn't even exist, we will ignore it », cf *Ibid*.

dispositifs éthiques. Si une règle est violée par un juge, mais que cette atteinte n'est pas condamnée, au moins publiquement par simple déclaration, l'utilité de la règle éthique ne peut qu'être contestée. La complétude du système auquel appartiennent ces dispositifs ne serait en effet plus assurée, et les règles éthiques ne conserveraient que leur symbolisme. Il est donc absolument nécessaire de renforcer les procédés disciplinaires, même si les procédures préventives fonctionnent convenablement et que les atteintes sont peu fréquentes. Chez les arbitres, les considérations sont différentes. Les règles disciplinaires sont beaucoup plus étoffées, et font étalage d'une diversité bienvenue dans un milieu où les conflits d'intérêts sont pléthores. De cette diversité découle une mise en œuvre plus volontaire, qui ne s'arrête pas à la révocation.

2. L'usage volontaire des procédés disciplinaires en matière arbitrale

L'arbitre voit sa responsabilité se démultiplier dans une dimension disciplinaire, contractuelle ou pénale. Toutes ces procédures sanctionnent un manquement à une règle éthique, et se couplent judicieusement avec les règles permettant la démission. À côté de ces possibilités existent donc des procédés sanctionnateurs, ne relevant pas cette fois d'un quelconque volontarisme de l'arbitre, puisqu'intervenant pour sanctionner son manquement à une règle éthique. La responsabilité disciplinaire de l'arbitre se manifeste principalement sous le prisme de la récusation[284], mais coexistent bien plus d'autres sanctions disciplinaires que pour les juges. La seule originalité pour ces derniers était l'introduction du blâme et de l'amende par le RPP de la C.P.I. En matière arbitrale, les sanctions sont beaucoup plus variées, en allant de l'éviction du juge de la procédure à l'annulation de la sentence. D'après J. El Ahdab, « il s'agit ici d'une question d'efficacité et d'attente légitime des

[284] Article 57 de la Convention pour le règlement des différends relatifs aux investissements entre Etats et ressortissants d'autres Etats ; Article 12 du Règlement de la C.P.A., etc.

parties qui ont placé leur confiance (et leur investissement) dans la capacité de l'arbitre désigné, non seulement à rendre la justice, mais également à le faire avec compétence et diligence »[285]. Ce ne sont toutefois pas les sanctions les plus usitées par les centres d'arbitrage, tant l'annulation de la sentence comporterait des implications financières dommageables pour les parties, notamment pour celle qui n'aurait rien à voir avec le conflit d'intérêts. Dans la panoplie de solutions qui existent, la réduction ou le non-versement des honoraires de l'arbitre constitue sûrement l'une des sanctions les plus dissuasives, tant les sommes versées aux arbitres internationaux sont importantes. Forcément, cette sanction tient compte de la réalité de l'arbitrage et ne pourrait être applicable pour les juges, qui possèdent un traitement annuel et ne sont pas nommés ponctuellement mais pour un mandat. La présence et l'utilisation de telles sanctions sont toutefois notables, et leurs contours sont souvent précisés dans les conventions d'arbitrage conclues entre les parties. La dernière sanction envisagée est sans doute la plus anodine d'apparence, car ne nécessitant pas le déclenchement d'une quelconque procédure, mais constitue sans doute la « sanction ultime »[286] : l'atteinte à la réputation de l'arbitre. Celle-ci permet effectivement à la fois au tribunal arbitral en cause de contester publiquement l'éthique d'un arbitre, notamment la CCI « qui est très vigilante sur la qualité des services rendus par les arbitres qui siègent sous son autorité »[287]. Cette conspuation publique pourra également inciter les parties à ne plus désigner l'arbitre en cause dans des procédures ultérieures, ce qui entachera durablement sa réputation, « qui, elle-même représente son fonds de commerce »[288].

Cette grande diversité dans la sanction emporte subséquemment son usage plus volontiers, même si la situation ne doit pas être idéalisée. Cette idéalisation possède ici son

---

[285] J. EL AHDAB, *op. cit.*, note 14, point 20.

[286] *Ibid*, point 26.

[287] R. DUPEYRE, *op. cit.*, note 118.

[288] J. EL AHDAB, *op. cit.*, note 282.

propre sens, en tant qu'on ne peut que féliciter l'usage des procédés disciplinaires pour tenter de rétablir une éthique bafouée. Bien sûr, la réelle idéalisation serait de ne pas se servir de ces procédés car la violation serait inexistante. Ici, l'utopie prédomine, encore plus lorsqu'on touche au monde arbitral. De plus, si la diversité des procédés domine, leur instrumentalisation malheureuse les rend parfois dépourvus d'effets. On l'a déjà vu pour la démission, et le constat est tout à fait transposable pour la récusation. La différence réside dans l'auteur de l'instrumentalisation puisque la démission peut être instrumentalisée par l'arbitre lui-même, contrairement à la récusation qui est un procédé disciplinaire qui fragilisera ses nominations futures. Sa mise en œuvre n'émanera donc que des parties, tout comme son instrumentalisation éventuelle. L'IBA rappelle ainsi que « les parties ont davantage la possibilité de recourir à la récusation des arbitres pour retarder les arbitrages ou de refuser à la partie adverse l'arbitre de son choix »[289]. Lorsque M. Bode recense les « tactiques de guérilla » existantes et fréquemment utilisées dans l'arbitrage international, il n'oublie d'ailleurs pas de recenser « la récusation d'un arbitre la veille de l'audience »[290], qui se déroule dans l'objectif évident de retarder la procédure et de décourager la partie adverse. Si l'usage des procédés réparateurs est donc beaucoup plus volontaire, leur instrumentalisation les fragilise et les détourne grandement de leur vocation initiale. De telles pratiques sont presque, fatalement, indétachables de l'arbitrage. Si les associations et centres d'arbitrage n'ont pas hésité à proclamer des règles éthiques, parfois même novatrices, les pratiques frauduleuses restent fortement présentes. De la même façon, les procédés réparateurs sont volontiers mis en œuvre, au prix d'un détournement éventuel par les parties, plus soucieuses dans ce cas de leurs intérêts catégoriels que de l'équité du processus arbitral.

---

[289] Lignes directrices de l'IBA sur les conflits d'intérêts dans l'arbitrage international, *op. cit.*, note 112, p. 10.

[290] M. BODE, *op. cit.*, note 203, p. 2.

Le panorama est donc sensiblement différent selon que le regard se tourne vers les juges ou vers les arbitres. Les procédures se distinguent parfois nettement, notamment car les réalités de la pratique arbitrale sont prises en compte par certains procédés. Forcément, le particularisme s'accroît lorsque l'on examine l'existence de tels procédés pour les auxiliaires de justice. Il ne s'agit plus pour les juges ou les arbitres de sanctionner leurs collègues, et réciproquement pour un juge d'être sanctionné par ses pairs. Il s'agit en réalité pour l'avocat ou le Procureur d'être sanctionné par les juges, donc par des membres d'une profession parfois foncièrement opposée et n'hésitant pas à reprocher diverses fortunes à l'autre profession, parfois considérée non pas comme un partenaire mais un antagoniste. Le corporatisme n'est plus à l'ordre du jour, et l'on pourrait penser qu'en conséquence, les sanctions coulent à flot. Ce constat est pourtant loin d'être certain, tant la retenue des juridictions dans le prononcé de sanctions est parfois perceptible.

B) Les procédures concernant les avocats et Procureurs

Les violations des règles éthiques commises par les auxiliaires de justice n'empruntent absolument pas les mêmes préoccupations, selon que l'auteur de l'atteinte soit un avocat ou le Procureur. On ne s'attachera pas aux sanctions venant des parties, qui, en tant que clients, ont évidemment toute latitude pour démettre les avocats de leurs fonctions qu'elles ne jugeraient plus aptes à les remplir[291]. L'étude se portera sur les sanctions venant des juridictions elles-mêmes, des juges, qui peuvent ne pas laisser sans conséquence lesdites atteintes (1). Quant au Procureur, si les procédés se calquent largement sur ceux des juges, on ne peut même plus parler de faiblesse dans la

[291] Devant la C.P.I., un conseil peut être choisi par son client ou assigné à un client par la Cour (article 11 du code de conduite) mais ne peut, s'il a été nommé par la Cour, être déchargé que par elle et non par son client (article 18 du code de conduite).

mise en oeuvre des procédés puisqu'ils n'ont absolument jamais été mis en oeuvre, malgré la fréquence des réprobations (2).

1. Une exclusivité quasi réelle des procédures à la sphère des contentieux d'humanité

Un panorama représentatif de la situation peut être donné si l'on étudie les procédures existantes devant la C.I.J., la CourEDH et la C.P.I., car les procédures devant la C.I.J. sont les mêmes que celles existantes devant le T.I.D.M. et l'O.R.D. Devant les juridictions inter-étatiques, il n'y a aucune disposition expresse donnant aux juridictions ou aux juges la compétence pour réguler les conseils et les sanctionner en cas de manquement à leurs devoirs. S'il n'existe aucun pouvoir disciplinaire prescriptif appartenant à la Cour, des solutions sont toutefois perceptibles. Ces propositions, permettant de combler les lacunes disciplinaires en la matière, sont « un pouvoir implicite conféré par l'article 30(1) du Statut ou un pouvoir inhérent appartenant aux juges »[292]. Si l'article 30 permettrait à la Cour de prendre des mesures écrites, les pouvoirs inhérents appartiendraient en revanche aux juges en étant attachés à la fonction. Un juge, parce qu'il est juge, aurait le pouvoir de sanctionner un avocat. Ce pouvoir inhérent de sanction serait indétachable de la fonction de juge. Ce constat paraît alors également applicable à l'égard des juges du T.I.D.M. et des membres de l'OA de l'O.R.D., les fonctions étant tout à fait identiques. Ces pouvoirs inhérents s'appliquent ainsi à défaut de règles expresses en la matière. Or, la CourEDH et la C.P.I. ont pu prévoir des règles expresses, évinçant de fait tous potentiels doutes sur la question. L'approche adoptée par ces juridictions est beaucoup plus commode que celle induite par les pouvoirs inhérents, notamment celle adoptée par la C.P.I. où une procédure est même strictement délimitée. Des pouvoirs sont en effet expressément conférés au Président de la Chambre, tant par l'article 36(4)(b) du Règlement selon lequel il « peut décider

[292] A. SARVARIAN, *op. cit.*, note 135, p. 111.

que ce conseil ou cette personne ne peut plus représenter ou assister le requérant et que celui-ci doit chercher un autre représentant », que par l'article 44D du même texte qui prévoit cette fois qu'il « peut l'exclure de la procédure, refuser d'admettre tout ou partie des observations en cause ou rendre toute ordonnance qu'il juge appropriée, sans préjudice de l'article 35§3 de la Convention ». Devant la C.P.I., tout un chapitre du très complet Code de conduite des conseils est consacré à la question disciplinaire. Tant la procédure que les sanctions pouvant être prononcées sont novatrices. Effectivement, après dépôt d'une plainte[293], un Commissaire sera nommé pour quatre ans par le Président (article 33) et le dossier sera ensuite transmis à un comité de discipline, qui sera chargé de mettre en œuvre la procédure disciplinaire prévue à l'article 39. Les sanctions sont énumérées par l'article 42, et vont de l'avertissement à l'interdiction définitive d'exercer devant la Cour avec radiation de la liste des conseils, tout en passant par la suspension du droit d'exercer dans une période n'excédant pas deux ans. Ces règles offrent une visibilité accrue aux procédés disciplinaires et une clarté non dissimulable qui rend les pouvoirs inhérents obsolètes. Ces derniers sont un palliatif minimal, qui vérifient certes l'adage : « mieux que rien », mais qui doivent absolument être complétés par des règles expresses. En effet, avec une procédure disciplinaire clairement prescrite, « a counsel would not be in position to complain of lack of notice »[294].

Si les pouvoirs disciplinaires des juridictions inter-étatiques sont uniquement décelables dans les pouvoirs inhérents, contrairement à la CourEDH et à la C.P.I., c'est peut-être que la rareté des violations ou le traitement de ces violations rendent l'établissement de règles expresses pas si nécessaire que cela. Trois éléments nous permettront de le démontrer. Le premier implique qu'on rappelle le constat applicable aux

[293] La plainte peut être effectuée par une Chambre, le Procureur ou toute personne ou groupe de personnes dont les droits ou les intérêts pourraient pâtir de la faute reprochée (article 34).
[294] A. SARVARIAN, *op. cit.*, note 289.

violations des règles éthiques devant la C.I.J. Celles-ci se manifestent principalement sous la forme de documents frauduleux, de falsifications d'éléments de preuves. Or, dans les quelques cas suscités[295], les éléments de preuve falsifiés ont été retirés de la procédure, comme dans *l'Affaire Franco-hellénique des phares*[296] ou dans *l'Affaire Qatar c. Bahreïn*, où le retrait des documents permit de clore l'incident avant le commencement de la phase orale. La mise en œuvre des pouvoirs inhérents en matière disciplinaire était alors exclue de fait. Le deuxième élément d'explication est cette fois relatif à la stratégie contentieuse adoptée par les conseils et avocats dans la conduite d'une affaire. Le risque est le suivant : « a decision by an opposing party to challenge the authenticity of the other party's documentary submissions could run the risk of drawing attention to its own submissions, which could also be of questionable authenticity »[297]. Une sorte de bilan comparatif doit finalement être établi par chaque conseil lorsque celui-ci se rend compte de la fraude commise par l'autre partie. Les choses ne sont pas limpides, et rien ne dit que le conseil alertera la Cour sans frémir. D'une part, il est d'abord certain qu'un avocat ne possède aucune obligation de soumettre cette fraude à la Cour, si elle est commise par l'autre partie[298]. D'autre part, le conseil doit avoir à l'esprit qu'en cas d'allégation de fraude de l'autre partie, cette dernière se penchera scrupuleusement sur ses propres documents et éléments de preuve pour lui rendre la pareille et conspuer les moindres irrégularités, aussi infimes puissent-elles être. Alors, une allégation de fraude « will depend in part on the other party's capacity and willingness to devote financial resources to retaining external forensic experts »[299]. S'il est évident que dans l'affaire *Qatar c. Bahreïn*, les conseils

---

[295] Voir Chapitre 2, Section 1, I. A) 1.

[296] *Affaire franco-hellénique des phares (France c. Grèce)*, arrêt, C.P.J.I., Receuil 1934, Série A/B, n°62.

[297] C. ROSE, « Fraudulent Evidence at the International Court of Justice », *Proceedings of the ASIL Annual Meeting*, 2016, p. 330.

[298] L'article 3.2 des Principes de La Haye prévoient une telle obligation, mais en tant que devoir imposé à un conseil qui se rendrait compte de la fraude commise par son client, et non par la partie adverse.

[299] C. ROSE, *op. cit.*, note 294.

du Bahreïn avaient les moyens de faire appel à des historiens et experts pour analyser les documents soumis par le Qatar, cette situation est loin de pouvoir être généralisée. La rareté des procédures disciplinaires, même si la partie adverse a pris connaissance de la fraude, s'expliquerait donc par cette stratégie contentieuse, mise en œuvre quand les conseils ne voudraient pas que l'autre partie et la Cour se penchent à leur tour sur la véracité de leurs documents. Enfin, le troisième élément explicatif relève cette fois non plus de l'attitude des parties à l'égard de la fraude, mais de celle de la Cour en elle-même. Celle-ci peut effectivement prendre des mesures si elle suspecte l'existence d'une fraude, en vertu des articles 48 à 50 du Statut, en confiant notamment la conduite d'une enquête sur la véracité des documents à des experts. Des pouvoirs lui sont donc mis à disposition, mais l'attitude de la Cour se révèle être fortement passive. Effectivement, la simple réprimande est rare, même en cas de fraude alléguée [300], puisque la Cour se contente généralement de laisser la résolution du problème aux parties, pour ne pas interférer dans les prérogatives des conseils et des parties. Cette attitude, diplomatique *a minima* et frileuse *a maxima*, annule en amont toute mise en œuvre disciplinaire en refusant de faire porter aux comportements frauduleux des conséquences. Une telle attitude tranche très nettement avec celle de la CourEDH. On l'a vu, les violations sont très nombreuses dans les contentieux devant la Cour de Strasbourg, et celles-ci ne restent cette fois pas sans conséquences. Pour n'en citer qu'un exemple, dans l'affaire *Megadat.com c. Moldavie*[301], la règle 36(4)(b) fut invoquée par le Président de la Chambre pour exclure un représentant de toutes les potentielles futures affaires qui seraient jugées devant la Cour. C'est une différence d'appréciation fondamentale, s'expliquant aisément au regard des parties devant la Cour. La C.I.J. est encore très marquée, respectueuse, et craintive de la souveraineté des

[300] *Ibid*, p. 332 : « The judgment on the merits merely recounts this procedural history, without mentioning the words ''fraud'' or ''forged,'' and without reprimanding Qatar ».

[301] CourEDH, *Megadat. com SRL c. Moldova*, Req. n° 21151/ 04, 8 avril 2008.

parties se retrouvant devant son prétoire. Ce n'est pas par respect aveugle envers l'avocature que la Cour ne s'aventure pas dans la mise en œuvre des procédures disciplinaires, mais par crainte de toucher à l'une des souverainetés, qui se retrouverait affaiblie par rapport à l'autre. C'est bien pour cela qu'elle n'hésite pas à laisser la résolution du litige, en l'occurrence de la fraude, à un accord entre les parties, comme elle peut le faire en matière de fixation des indemnités[302]. Une telle approche est visible dans le résultat devant la C.P.I. pour le Procureur. Cela signifie que le Procureur n'est jamais inquiété réellement devant la Cour, malgré les procédures assignées et les contestations violentes et fréquentes de certains de ses agissements. Toutefois, dans la manière, le constat est éminemment différend et révèle d'autres enjeux spécifiques aux relations entre l'organe de la poursuite et la Cour.

2. *La spécificité du Procureur : l'impossibilité d'activer le champ disciplinaire ?*

Le régime disciplinaire applicable au Procureur de la C.P.I. reflète tout à fait la spécificité de son poste et l'importance politique de son positionnement. Celui-ci est en tous points similaire aux juges lorsqu'on envisage le régime disciplinaire du point de vue du caractère intrinsèque des violations (article 46 du Statut) et du point de vue des sanctions pouvant être prononcées (article 47 du Statut). Il diffère cependant dans la mise en œuvre des procédures, qui incombe à la Présidence pour les juges et à l'AEP pour le Procureur (règle 30 du RPP). C'est bien cette mise en œuvre qui atteste du politisme de la fonction. Effectivement, l'AEP est un organe politique et non juridique ou professionnel. Par analogie, la sanction sera donc avant tout politique ou diplomatique, ce qui

---

[302] Dans *l'Affaire des Activités armées sur le territoire du Congo* (Activités armées sur le territoire du Congo (RDC c. Ouganda), arrêt, C.I.J., Recueil 2005, p.16), la Cour a ordonné à la RDC à à l'Ouganda de s'indemniser mutuellement et de s'accorder eux-mêmes sur le montant de cette indemnisation.

peut poser problème si l'on considère que les règles éthiques sont avant tout des règles professionnelles qui doivent rester dans le champ juridique[303]. L'AEP, anticipant peut-être ces critiques, a créé en 2010 un mécanisme de contrôle indépendant[304], basé sur l'article 112(4) du Statut de Rome, et chargé de conduire les enquêtes relatives à des allégations de violations des textes par les officiels et le personnel de la Cour. Ce contrôle externe permet d'apposer un sceau d'indépendance sur les enquêtes, ce mécanisme de contrôle étant en principe déconnecté des prétentions politiques. Toutefois, la décision finale reste dans les mains des États, donc la sanction reste *in fine* politique. De plus, si la création de ce mécanisme ne peut qu'être saluée, les procédures restent encore largement transparentes. A. Sarvarian considère que « the confidentialité rule in disciplinary proceedings is problematic in that there is a public interest, as well as those of concerner parties, in knowing the details of such investigations »[305]. Cela ne veut pas dire que la transparence doit être vue comme l'axiome de toute procédure disciplinaire, mais qu'une balance doit être effectuée entre la sauvegarde des intérêts des parties et l'information du public, ou entre la sauvegarde de l'apparence d'intégrité de la juridiction et l'information de ce même public. Cette absence de visibilité, couplée à l'inexistence de la mise en œuvre des procédés, fragilise quelque peu l'opportunité de ce nouveau système. Effectivement, la responsabilité reste largement symbolique[306]. Il est extrêmement rare que le Procureur soit réellement inquiété, même lorsque celui-ci n'était autre que Luis Moreno Ocampo. Seule une enquête interne fut diligentée en 2006, à l'initiative de Christian Palme (alors le responsable des relations avec les médias du BdP), suite à des plaintes de viols

---

303 A. SARVARIAN, *op. cit.*, note 135, p. 235.

304 Establishment of an independent oversight mechanism, ICC-ASP/12/Res.6 (26 november 2009), Annex, p. 7, URL : https://asp.icc-cpi.int/iccdocs/asp_docs/Publications/Compendium/Resolution-IOM-FRA.pdf (consulté le 25 mai 2019).

305 A. SARVARIAN, *op. cit.*, note 135, p. 238.

306 A. SARVARIAN, *op. cit.*, note 289.

contre le Procureur[307]. Suite à la recommandation d'un panel mis en place par le Président de la Cour, la plainte fut considérée comme étant manifestement infondée, et donc écartée. S'en suivit une très longue bataille contentieuse où Moreno Ocampo licencia M. Palme, qui se retourna finalement devant le Tribunal administratif de l'OIT. C'est d'ailleurs notamment suite à cette procédure, qui entacha considérablement les rapports entre les différents personnels du BdP, que l'AEP décida de créer le mécanisme de contrôle.

Si les réprobations du comportement du Procureur sont fréquentes, très peu d'enquêtes et mises en œuvre subséquentes d'une procédure disciplinaire n'eurent lieu. Pourtant, les violations alléguées étaient nombreuses, qu'elles soient professionnelles ou extra-professionnelles. S'il est certain que les agissements de la Procureure actuelle ne puissent constituer des fautes méritant une sanction disciplinaire, le fait qu'aucune sanction n'eut jamais été prise contre Moreno Ocampo peut étonner, voire dérouter. Deux explications pourraient être fournies, à condition d'insister sur le conditionnel. D'une part, l'on sait toute la place qui est accordée au Procureur, ce dernier constituant la cheville ouvrière des poursuites internationales[308], le moteur et le promoteur principal d'une Justine pénale internationale qui fonctionne, ou, au contraire, qui tâtonne. Le symbolisme de sa position le protège indirectement, en tant qu'une procédure disciplinaire émise à son encontre fragiliserait autant la personne derrière le poste que la fonction en elle-même. Or, les obstacles que rencontre la Cour sont déjà tellement grands que celle-ci est probablement réfractaire à fragiliser en interne son fonctionnement. L'utopisme des procédés disciplinaires pourrait presque être decelée tant l'absence de mise en œuvre des procédures contre Moreno

---

307 C. PALME, « Complaint against ICC Prosecutor », p. 2, en ligne : « http://www.innercitypress.com/ocampocomplaint.pdf> (consulté le 25 mai 2019).

308 J. MBOKANI, « L'impact de la stratégie de poursuite du Procureur de la Cour pénale internationale sur la lutte contre l'impunité et la prévention des crimes de droit international », *Droits fondamentaux,* n° 7, janvier 2008 – décembre 2009, p. 1.

Ocampo évince presque logiquement toute poursuite contre des procureurs ultérieurs. Il est effectivement difficile d'imaginer un autre Procureur aussi peu consciencieux et respectueux des procédures assignées. Une deuxième raison pourrait éventuellement être avancée, et tient au développement d'une nouvelle forme de corporatisme. Le corporatisme traditionnel s'entend dans l'absence de mise en œuvre des procédures et sanctions à l'intérieur même d'une fonction, par exemple de juges à juges. C'est pour cela que le corporatisme se dessine ici différemment puisque c'est bien à l'AEP de sanctionner le Procureur. On parle alors d'un esprit corporatiste car celui-ci se développerait par nécessité, en réaction aux agissements de certains États. Sont notamment visés les États-Unis, puisque le 15 mars 2019, Mike Pompéo annonça publiquement que les États-Unis mettraient en place une politique de restrictions de visas américains « contre les personnes directement responsables pour toute enquête de la C.P.I. contre des militaires américains ». Celui-ci menaçait ensuite de prendre d'autres sanctions supplémentaires si la C.P.I. ne changeait pas d'attitude. Ce témoignage récent d'une attitude de défiance des États-Unis vis-à-vis de la Cour est transposable pour beaucoup d'autres pays, créant plus que jamais un climat de défiance généralisée à l'égard de la Cour et de l'action de ses membres. Or, activer le régime disciplinaire applicable au Procureur, c'est sanctionner son plus grand représentant, sa vitrine à l'international. Et c'est peut-être le constat qui irrigue les pensées de l'AEP lorsque l'écho d'un agissement dilatoire du Procureur se propage dans les couloirs de la Cour. Un bâtiment peut résister aux feux extérieurs, mais s'écroulera très certainement si son coeur est touché de l'intérieur. Et de ce constat naîtrait presque fatalement l'impunité du Procureur. Si de telles considérations se révéleraient véridiques, ce serait bien oublier que la C.P.I. a justement vocation à lutter contre l'impunité des crimes internationaux. Bien sûr, aucune analogie ne peut être effectuée entre les agissements frauduleux du Procureur et ceux que la Cour juge, mais renforcer le régime disciplinaire du Procureur en le rendant plus transparent et moins politique, ou en le calquant tout simplement sur celui des avocats et conseils, ne pourrait que renforcer le sentiment d'intégrité placé dans la Cour, qui constitue aujourd'hui un support qui n'a jamais été aussi peu négligeable.

Toutes ces raisons constituent des tentatives d'explication de cette inapplication des procédés réparateurs, perceptible principalement pour les juges et le Procureur de la C.P.I. Si les procédures sont plus volontairement mises en oeuvre pour les avocats et arbitres, toute violation éthique est tout de même loin d'entraîner une réaction disciplinaire. L'utilité des règles éthiques ne peut que s'en retrouver fragilisée. Si l'idée d'une impunité des auteurs de manquements aux règles éthiques se pérennise et s'installe dans les pensées, l'existence même de la règle éthique peut être remise en question. Nombreux sont les auteurs s'intéressant à la question éthique devant les juridictions internationales qui rappellent cette nécessité de leur conférer une portée plus contraignante et qui appellent au renforcement des règles disciplinaires subséquentes. Toutes ces considérations nous amènent finalement à nous poser la question cruciale d'une éventuelle refonte des règles éthiques. Évidemment, la règle éthique se doit d'exister et il ne s'agira pas ici de contester sa légitimité, ou de remettre en cause son efficacité au regard des objectifs de performance[309]. Il s'agira de s'interroger sur sa refonte, pour que la règle éthique voie son importance renouvelée et permette un fonctionnement beaucoup plus serein d'une Justice internationale trop souvent à la solde des acteurs qui l'ont créé.

II. L'inapplication des procédés réparateurs et la refonte des règles éthiques

Tout questionnement relatif à la refonte des règles éthiques impose préalablement de désigner sans faillir leurs

[309] Voir sur le sujet d'une éthique problématique pour les objectifs de performance : E. ALT et M-A. LE THEULE, *op. cit.*, note 29 ; A. MEZGHANI, « Méthodes de droit international privé et contrats illicites », Brill, 2008, *RCADI*, n°303, p. 409.

insuffisances. Bien sûr, certains problèmes posés par les règles éthiques ont déjà été soulevés, et il ne s'agira pas de reprendre toutes les critiques relatives à la règle éthique en elle-même, mais d'en sélectionner certaines pour dresser un panel représentatif des critiques les plus flagrantes. Sera sélectionné le développement de certaines pratiques révélant les lacunes de la règle éthique (A). Une fois ces lacunes identifiées, il s'agira d'envisager certaines solutions, qui reviennent sur la table des rédacteurs à chaque fois que l'indépendance et l'impartialité des gens de justice se doivent d'être renforcées. Cela ne nécessite plus de modifier la règle éthique dans sa substance mais bien de changer d'appréciation et de s'interroger sur le fondement même de la règle éthique (B).

A) La confrontation des règles éthiques au développement de certaines pratiques judiciaires

L'éthique apparaît souvent dans un prétoire où le duel judiciaire rend certaines pratiques parfois tributaires d'une aura dilatoire, qui confronte d'emblée la règle éthique lors de sa rédaction. Il faut alors se demander si les lacunes des règles éthiques sont issues d'un déterminisme propre à l'ordre juridique international, qui les empêche forcément de se doter d'effets plus utiles. L'analyse de certaines pratiques laisse alors apparaître l'existence de comportements qui ne violent pas les règles éthiques en elles-mêmes, mais qui laissent se propager un doute prégnant sur l'impartialité et l'indépendance de leurs auteurs. Deux pratiques semblent se démarquer, la première étant relative au changement de fonction des juges (1) et la deuxième à la pratique des opinions des juges et arbitres dans les arrêts ou sentences (2).

1. L'hypothèse du changement de fonction des juges : de magistrat à conseil

Certains comportements des juges internationaux se sont si durablement ancrés qu'ils font partie aujourd'hui d'une sorte de droit commun des pratiques juridictionnelles. Le changement de fonctions peut être désigné, puisqu'étant largement pratiqué. Ce changement fait référence aux juges, qui, après la fin de leur mandat, deviennent conseils, agents ou avocats de certains États devant la juridiction dans laquelle ils officiaient auparavant en tant que juges. N'est donc pas concernée l'hypothèse claire et précise des incompatibilités prévues notamment par l'article 17 du Statut la C.I.J., qui prévoit pour les juges une impossibilité stricte de siéger dans une affaire où ils étaient au préalable représentant d'une partie dans la même affaire. N'est pas non plus concernée l'autre hypothèse d'exclusion prévue par ce même article, empêchant cette fois aux juges, pendant leur mandat, d'être également représentants d'une partie dans une autre affaire[310]. Ces hypothèses prévoient des incompatibilités qui s'exercent pendant l'exercice du mandat. Or, le changement de fonction apparaît logiquement lorsque le mandat est parvenu à expiration. Si l'on parle de juge, c'est donc par pure commodité puisque l'on devrait parler d'ancien juge. Contrairement aux incompatibilités, il n'existe aucune disposition pour la C.I.J. dans le Statut ou dans le Règlement de la Cour qui concernerait les activités d'un ancien membre de la Cour. Comme il n'existe pas non plus de dispositions sur la désignation des conseils et des avocats, il en ressort que les parties ont une liberté de choix absolue dans la désignation de leurs représentants. Il en résulterait que d'anciens juges pourraient être désignés comme avocats, agents ou conseils. Cette pratique pose tout de suite question puisque seraient désignées des personnes ayant une expérience passée de juge.

[310] Cette incompatibilité n'empêche pas que des juges deviennent également arbitres devant le C.I.R.D.I. pendant l'exercice de leur mandat. C'est une pratique qui n'est pas rare, mais qui ne fera pas l'objet d'une étude dans le cas présent, les risques de conflits d'intérêt étant plus que limités.

Cet ancien statut le mettrait dans une position tout à fait particulière, puisqu'après avoir été fonctionnaire de la Cour, il serait désormais de l'autre côté du prétoire et tenu de défendre des intérêts catégoriels tout à fait opposés. Les risques de conflits d'intérêts sont donc réels[311], surtout si l'affaire dans laquelle l'ancien juge officierait en tant qu'avocat présente des liens avec une affaire qu'il avait eu à juger auparavant. Cette situation s'est produite fréquemment devant la Cour, au point de devenir une pratique communément admise et usitée par les États. Le premier cas est celui de Sir Gerald Fitzmaurice, qui était membre de la délégation maltaise dans *l'affaire du plateau continental (Tunisie c/ Libye)*[312] alors que son mandat de juge avait pris fin en 1973. Toutefois, il ne s'était pas adressé à la Cour dans la procédure. Les cas les plus emblématiques concernent plutôt l'ancien Président de la C.I.J., le juge Jiménez De Aréchaga, qui, après expiration de son mandat de Président, fut représentant d'une partie dans pas moins de cinq affaires, comme celle *des terres à phosphates à Nauru (Nauru c/ Australie)*[313]. D'autres situations pourraient être citées, et la tendance semble être à l'augmentation du recours à d'anciens juges en tant que conseils. Ce recours est toutefois davantage encadré puisque ne pouvant aujourd'hui se soustraire de toutes règles en la matière, contrairement aux affaires suscitées. Suite au développement de ces pratiques, la Cour a en effet réagi en adoptant en 2002 l'instruction de procédure n°VIII selon laquelle :

> « La Cour estime qu'il n'est pas dans l'intérêt d'une bonne administration de justice qu'une personne ayant été jusqu'à une date récente membre de la Cour, juge *ad hoc*, Greffier, Greffier adjoint ou fonctionnaire supérieur de la Cour (secrétaire juridique principal, premier secrétaire ou

---

311 A. Sarvarian traite d'ailleurs de cette question devant les juridictions européennes dans une partie intitulée : « Conflicts of Interest », voir A. SARVARIAN, *op, cit.*, note 143, p. 1001.

312 *Plateau continental (Jarnahiriya arabe libyenne/ Malte)*, requête à fin d'intervention, arrêt, C.I.J., Recueil, 1984, p. 3.

313 *Certaines terres à phosphates à Nauru (Nauru c. Australie)*, exceptions préliminaires, arrêt, C.I.J., Recueil 1992, p. 24

secrétaire) intervienne comme agent, conseil ou avocat dans une affaire portée devant la Cour. En conséquence, les parties devraient s' abstenir de nommer comme agent, conseil ou avocat dans une affaire soumise à la Cour une personne ayant été, au cours des trois années précédant cette nomination, membre de la Cour, juge *ad hoc*, Greffier, Greffier adjoint ou fonctionnaire supérieur de la Cour ».

Cette instruction est claire, et indique aux parties qu'ils ne devraient pas nommer comme représentant un ancien juge si cela fait moins de trois années que son mandat est parvenu à expiration. Ce texte instaure en réalité une « cooling off period »[314] de trois ans, dissuadant les parties de nommer dans cette période un ancien membre de la Cour. Cette disposition est d'une importance fondamentale puisque son influence sur les autres juridictions fut remarquable. Ainsi, l'article 6(2) du Code de conduite s'adressant aux conseils exerçant devant la CJUE a repris cette règle, tout comme l'article 4(2) du Règlement de la CourEDH qui prévoit cette fois une période de gel d'une durée de deux ans. L'instauration de ces règles, en 2007 pour la CJUE et en 2014 pour la Cour de Strasbourg témoignent de ce qu'A. Sarvarian appelle « a cross-fertilization »[315]. Il est intéressant de noter que les exemples suscités de changement de fonctions se sont tous déroulés plus de trois ans après l'expiration du mandat. Il semble donc que la C.I.J. ait voulu encadrer ce comportement tout en tenant compte de la pratique déjà existante. Ce changement de fonctions est donc possible au regard des règles internationales, à condition de le faire après expiration d'une certaine période de temps. C'est la solution qui fut trouvée pour tenir compte de la pratique, plutôt que de proscrire purement et simplement le changement de fonctions. Il faut également souligner que cette possibilité n'est pas que prévue pour les membres à plein temps de la Cour, puisque les juges *ad hoc* sont aussi concernés. Devant la C.I.J., c'est d'ailleurs une pratique

---

314 S. ROSENNE, « International Court of Justice : Practice directions on judges *ad hoc* ; counsel and advocates ; and submission of new documents », *Law & Practice of International Courts and Tribunals*, Vol. 1, Issue 2 (August 2002), p. 235.

315 A. SARVARIAN, *op. cit.*, note 143, p. 1002.

largement installée, beaucoup plus que pour les membres de la Cour[316]. Toutefois, la prise en compte d'une période transitoire pour les juges *ad hoc* n'a, contrairement aux membres de la Cour, pas fait l'unanimité. Pour S. Rosenne, « this long cooling off period may create difficulties for States contemplating or engaged in litigation in the Court as well as possibly deterring practitioners before the Court from accepting to serve as judge *ad hoc* »[317]. Cette pratique du changement de fonctions illustre donc parfaitement le cas d'une situation qui ne fut absolument pas envisagée par les rédacteurs des textes, et qui s'est développée à l'origine sans aucune régulation. Si la prohibition ne fut ensuite pas complètement imposée, c'est bien parce que les juridictions n'ont pas voulu endiguer une pratique s'étant inscrite durablement dans la politique juridictionnelle des parties. L'instauration d'une période de gel fut trouvée comme étant la solution la plus adéquate, bien que cette situation puisse entraîner des conflits d'intérêts, même après l'expiration d'une période de trois ans. Un tel laps de temps amenuise, certes, les risques d'interférence, mais ne les évince pas complètement. On pourrait donc se retrouver dans des situations de conflits d'intérêts plus ou moins manifestes du fait que le conseil possède par exemple des préjugés sur l'affaire, car l'ayant connu pendant qu'il était juge, même officieusement au détour d'une conversation avec d'autres membres de la Cour. Or, à défaut de dispositions allant dans ce sens, il semblerait que de telles situations ne pourraient être régulées par la Cour. Cette situation est loin d'être la seule pratique qui peut porter atteinte à l'indépendance ou l'impartialité des juges internationaux, sans pour autant constituer une violation claire des règles éthiques. Les opinions séparées représentent d'ailleurs le meilleur témoignage de ces situations.

---

[316] Voir sur cette question S. ROSENNE, *op. cit.*, note 311, p. 237 qui liste de nombreux cas où d'anciens juges *ad hoc* sont devenus agents, conseils ou avocats devant la C.I.J.
[317] *Ibid*, p. 238.

2. *Les opinions des juges et arbitres : un irrespect régulier des règles éthiques ?*

Les opinions séparées constituent une prérogative intarissable des juges. Ces opinions peuvent être utilisées pour montrer un assentiment général avec la décision (opinions concordantes), ou une dissidence avec l'opinion majoritaire (opinions dissidentes)[318]. La pratique de ces opinions dans les juridictions internationales est si répandue que certains auteurs n'hésitent pas à parler de règle de droit international général[319]. Effectivement, tant la C.I.J. (article 57 du Statut), le T.I.D.M. (article 30(3) du Statut), la CourEDH (article 45(2) de la CEDH), la C.I.A.D.H. (article 24(3) du Statut), la CourADHDP (article 28(7) du Statut) que la C.P.I. (article 83 du Statut) ont consacré cette possibilité. Seul l'OA de l'OMC déroge partiellement à cette règle puisque le MARD prévoit la possibilité d'émettre des opinions séparées mais ne prévoit pas leur identification nominale. Les rapports de l'OA contiendront ainsi des opinions concordantes et dissidentes sans en identifier les auteurs. La règle de droit international général ne semble donc pas être une qualification usurpée, tant sa consécration juridictionnelle est presque universelle. Cette règle des opinions séparées est assurément une règle éthique, qui doit se coupler au principe du secret des délibérations pour en comprendre les enjeux. Le secret des délibérations confère aux délibérations des juges de la confidentialité dans la prise de décision et dans les différents arguments qui les poussent à voter dans un sens déterminé. On voit mal *a priori* comment les opinions séparées pourraient y trouver leur place, puisque permettant précisément

---

[318] F. RIVIÈRE, *Les opinions séparées des juges à la Cour européenne des droits de l'homme*, Bruylant, Bruxelles, 2004, p. 5.

[319] J. MALENOVSKY, « Les opinions séparées et leurs répercussions sur l'indépendance du juge international », *ACDI*, Vol. 3, 2010, p. 53 : « {…} d'une règle de droit international général de caractère permissif qui accorde à la magistrature internationale le pouvoir autonome de prévoir, dans le règlement de procédure d'une juridiction internationale, le droit de ses juges à une opinion séparée, même si un tel droit n'est pas expressément prévu par son traité constitutif ».

à un juge de rendre publique sa décision. Ces deux principes, d'apparence contradictoire, prétendent pourtant « trouver leur justification dans la même valeur, celle de l'indépendance du pouvoir judiciaire, qu'ils allèguent protéger à leur manière »[320]. Quand le secret des délibérations permet au juge d'être protégé par des interférences extérieures[321], et protège ainsi sa liberté intérieure en ne le poussant pas à s'auto-censurer[322], les opinions séparées représentent une « forteresse de la personnalité du juge libre »[323] en tant qu'elles sont une modalité même de la liberté d'expression. C'est précisément en ce sens que les deux principes ne sont pas antinomiques, les opinions séparées, comme le secret des délibérations, permettant au juge de s'exprimer librement sans être assujetti à une « intrusion inconsciente de considérations politiques »[324]. Assurément des règles éthiques, l'approche de confidentialité et l'approche de transparence adoptées par les deux règles s'allient pour constituer une « une garantie essentielle pour l'indépendance judiciaire et l'impartialité »[325]. Toutefois, comme pour un certain nombre de règles, leur origine éthique est parfois contrecarrée par l'utilisation qu'en font les juges internationaux. S'il est certain que la pratique de l'opinion séparée renforce la liberté d'expression des juges, celle-ci n'est pas absolue et ne peut se voir élargie à l'infini, sous peine de discréditer fortement l'arrêt à l'égard duquel l'opinion dissidente est rendue. C'est d'ailleurs ce que stipule expressément la Résolution sur l'éthique judiciaire adoptée par l'Assemblée plénière de la CourEDH, interdisant aux juges de faire « des commentaires de nature à saper l'autorité de la Cour ou à susciter un doute raisonnable quant à leur impartialité ». On ne peut alors qu'être

[320] *Ibid*, p. 35.

[321] D. ROUSSEAU, « Les opinions dissidentes, "preuve" de la rationalité des décisions de justice », *in* F. Segado, *The Spanish Constitution in the European constitutional context*, Dykinson, S.L., Madrid, 2003, p. 1115.

[322] J. MALENOVSKY, *op. cit.*, note 316, p. 36.

[323] R. P. ANAND, « The role of individual and dissenting opinions in international adjudication », *ICLQ*, Vol.14, n°3, 1965, p. 805.

[324] K. J. KEITH, « The International Court of Justice : *primus inter pares* ? », *International Organizations Law Review*, Vol. 5, 2008, p. 17.

[325] A. ZIMMERMANN et al., *op. cit.*, note 128, p. 1172-1173.

surpris par la véhémence de certaines opinions dissidentes qui semblent rentrer dans le champ de ces interdictions prescrites par la Résolution. À titre d'exemple, le juge Nicolaou, dans une opinion dissidente sous l'arrêt du 17 septembre 2009, Scoppola c/ Italie[326], estimait que l'interprétation retenue par la Cour de l'article 7(1) de la CEDH constituait « une méconnaissance totale de travaux préparatoires et un *ultra vires* manifeste par lequel la Cour a dépassé les bornes »[327]. La charge menée par le juge chypriote est si forte qu'elle paraît outrepasser les bornes assignées à l'opinion séparée. La tonalité de ces propos est pourtant minime si on les compare à ceux tenus par le juge Bonello, sous l'arrêt Sejdic et Finci c/ Bosnie-Herzégovine du 22 décembre 2009 [328]. Les propos sont si réprobateurs de l'opinion majoritaire que J-F Flauss considère que le juge Bonello en vient « à rivaliser avec les invectives des contempteurs les plus invétérés de la Cour européenne »[329]. La formulation dépasse largement le champ assigné aux opinions séparées, puisque le juge maltais reproche à la Cour d'avoir fait preuve d'un « angélisme aveugle », d'avoir eu « la prétention de revêtir un costume trop grand pour elle », d'avoir « bradé la paix et la réconciliation », d'avoir rendu « un arrêt exercice de style totalement déconnecté de la réalité », ou encore d'avoir « préféré embrasser son propre état de déni aseptisé plutôt que de s'ouvrir à ce monde moins lisse qui existe à l'extérieur ». On comprend bien que le juge Bonello ne fait preuve d'aucune retenue, ni même de bon sens dans ses propos, tant il ignore copicusement la Résolution sur l'éthique judiciaire pour émettre des observations qui rivalisent d'ingéniosité dans la critique. Ne pas sanctionner ces propos reviendrait finalement implicitement à considérer qu'ils ne remettent en cause ni l'autorité de la Cour ni l'impartialité du juge émetteur de l'opinion. Une telle considération ne peut être que dommageable, tant la violence

[326] CourEDH (GC), *Scoppola c/ Italie*, 17 septembre 2009, Req. n°10249/03.
[327] J-F. FLAUSS, « Actualités de la Cour européenne des droits de l'homme (septembre 2009-février 2010) », *AJDA*, 2010, p. 999.
[328] CourEDH (GC), 22 déc. 2009, *Sejdic et Finci c/ Bosnie-Herzégovine*, req. n°27996/06 et 34836/06.
[329] J-F FLAUSS, *op, cit.*, note 324.

des propos discrédite pourtant l'arrêt rendu. En ne sanctionnant pas ces propos, la Cour autorise une pratique de l'opinion dissidente qui viole une règle éthique. Ce n'est parce que l'opinion séparée est une règle de droit international général que sa pratique ne doit pas être encadrée, cet exemple nous montrant précisément qu'un manque d'encadrement permet aux juges de violer, presque régulièrement, des règles éthiques.

Si le regard se déplace vers la matière arbitrale, le parallèle peut-être fait avec les *obiter dictum* utilisés par les arbitres. Bien sûr, on ne peut purement et simplement parler de cette notion en l'assimilant à l'opinion séparée, puisque *l'obiter dictum* fait également étalage d'une opinion, mais qui est cette fois étrangère à l'espèce et insérée dans le corps même de l'arrêt, contrairement aux opinions séparées se distinguant très nettement de l'arrêt rendu. Toutefois, en tant qu'opinions, des similitudes sont perceptibles, au point qu'elles puissent également constituer une pratique très largement usitée et se détournant parfois de leur vocation initiale. Julien Fouret va même jusqu'à considérer que ces *obiter dictum* sont devenus « l'opium des arbitres »[330] car plus utilisés par les arbitres pour faire passer leur « bonne parole » [331] que pour renforcer la décision et éclaircir les motivations des parties. J. Fouret émet ce constat peu glorieux notamment à propos d'une sentence rendue par le CIRDI le 6 août 2004[332], dans laquelle le tribunal arbitral se déclarait incompétent mais imposait, dans un *obiter dictum*, à la société IMC de respecter une clause attributive de compétence contenue dans le contrat, qui était émise en faveur des règles de la CNUDCI[333]. L'objectif d'une telle opinion est très clair, les arbitres s'assurant un deuxième arbitrage pour la même affaire, cette fois « sur fondement contractuel et en

---

330 J. FOURET, D. KYAYAT, Le Centre international pour le règlement des différends relatifs aux investissements, *RQDI*, 2004, Vol. 17, n°2. p. 263.

331 *Ibid.*

332 *Joy Mining Machinery Limited c. Égypte* (compétence), 2004, Affaire n°ARB/03/11.

333 *Ibid*, paragraphe 89.

application des règles d'arbitrage de la CNUDCI »[334]. Un tel *obiter dictum* permet donc aux arbitres de se déclarer d'ores et déjà compétents pour une affaire ultérieure. De l'avis d'Emmanuel Gaillard, c'est une « utilisation que l'on peut juger excessive de la technique de *l'obiter dictum* de façon à tenter de faire jurisprudence sur différentes questions que le règlement du litige en cause n'impose pas de trancher »[335]. J. Fouret se préfère à employer une formule bien plus vindicative puisqu'il parle de « risque de dénaturation du système de résolution des conflits »[336]. Encore une fois, cette fois sur le terrain de l'arbitrage, le risque que les opinions séparées, qu'elles soient dans le corps de l'arrêt ou extérieures à celui-ci, soient mésutilisées est grand. Si la règle est destinée ordinairement à renforcer l'impartialité des juges ou arbitres, ces derniers ont profité de l'absence d'encadrement du principe pour l'utiliser à leur guise et faire passer des messages personnels, parfois fortement attentatoires en eux-mêmes à la crédibilité de l'arrêt ou de la sentence.

Le changement de fonctions et la pratique des opinions séparées ou *obiter dictum* apparaissent comme étant les meilleurs témoignages des lacunes des règles éthiques, qui laissent parfois subsister une marge de manœuvre dans leur utilisation, que les gens de justice n'hésitent pas à saisir au profit de comportements parfois fortement dilatoires. À ce titre, l'on peut parler d'irrespect régulier de l'éthique si l'indépendance et l'impartialité des auteurs de l'acte sont touchées. Ce constat est forcément dommageable pour la prévalence de la règle éthique, qui se voit fragilisée dans son principe même, dans l'objectif qu'elle est supposée atteindre. Plus largement, ces défaillances nous amènent à une interrogation, qu'on ne peut malheureusement pas éluder : la règle éthique doit-elle se renouveler, être modifiée en

---

[334] J. FOURET, *op. cit.*, note 327, p. 265.

[335] E. GAILLARD, « Centre international pour le règlement des différends relatifs aux investissements : Chronique des sentences arbitrales », *J.D.I.*, n°135, p. 181.

[336] J. FOURET, *op. cit.*, note 331.

profondeur ? La réponse à cette question ne consiste pas à adopter un avis tranché, déterminé dans un sens positif ou négatif. La règle éthique se retrouve constamment confrontée à des pratiques changeantes, et doit s'adapter en s'assignant une dimension évolutive. C'est ensuite dans l'évolution qu'elle empruntera que la règle éthique devra trouver les moyens de gagner ses derniers combats, qui sont frappés d'incertitude. Sont ici désignés les défis les plus insolvables de la règle éthique, qui ne sont pas des pratiques judiciaires, comme l'opinion séparée, mais des *a priori* qui contrarient la progression de la règle éthique.

B) Une refonte confrontée aux défis les plus insolvables de la règle éthique

Ces derniers défis sont tout à fait symptomatiques des nombreux obstacles à l'application des règles éthiques. Si l'on peut parler d'*a priori*, c'est parce qu'ils relèvent soit de la personnalité du juge, soit de la valeur intrinsèque des règles éthiques. Ces défis possèdent donc comme caractéristique d'être indétachables, soit de l'acteur de justice, soit de la règle elle-même. Une refonte amènera ainsi la règle éthique à produire un dernier combat, assurément son plus compliqué : celui de lutter contre une culture d'État parfois déviante (1). Sûrement l'issue la plus difficile à combattre, on peut se demander si pour être couronnée de succès, la valeur juridique de la règle éthique ne devrait pas être purement et simplement renforcée (2).

1. La culture d'État : l'obsession de l'éthique judiciaire internationale[337]

Il faut tout de suite distinguer la culture d'État de la nationalité. En quelque sorte, la nationalité absorbe la culture d'État, qui ressurgit dans l'esprit d'un juge lorsque les intérêts de son État de nationalité sont en cause. Mais la culture d'État ne constitue en aucun cas un critère officiel de désignation, contrairement à la nationalité qui sera prise en compte de manière officielle dès la désignation, et jusque dans le fonctionnement des juridictions. La culture d'État est une vue de l'esprit, qui relève du *for* intérieur de chaque juge, et qui peut donc se manifester ou ne jamais se révéler. La nationalité suit en revanche le juge tout au long de son mandat, et est en revanche bien connue de tous les individus participant au procès. Cette indétachabilité de la nationalité ne signifie pas pour autant que celle-ci est prise en considération dans l'absolue. Effectivement, « les juges à la C.I.J. siègent et sont nommés indépendamment de leur nationalité. C'est la même chose à la CourEDH. On peut être nommé au titre d'une partie, mais on ne siège pas en tant que national d'une partie »[338]. Cette nationalité a cependant des répercussions dès le moment des désignations, puisque nombreuses sont les dispositions dans les statuts des juridictions qui imposent la préservation d'un équilibre entre les différentes nationalités au sein des membres de la Cour. L'indépendance et l'impartialité seraient donc également assurées par cet « équilibre assumé entre les dépendances et les partialités »[339]. Si le constat d'une absence de rôle joué par la nationalité est faux de ce point de vue, il est tout autant à relativiser lorsque le débat se déplace vers la Cour de Strasbourg. Il suffit de s'en tenir aux diverses analyses doctrinales de la Cour ou des ses

[337] T. DANNENBAUM, « Nationality and the International Judge », *Cornell International Law Journal*, Vol. 45, p. 77.
[338] C. SANTULLI, *op. cit.*, note 52, p. 227.
[339] *Ibid*, p. 230.

arrêts pour voir qu'est très souvent fait référence à la nationalité du juge lorsque ses agissements méritent réflexion. Ce pourrait être une pure commodité de langage, mais dans la pratique des juridictions internationales, cela reste une particularité par rapport à la C.I.J. où les juges sont nommés bien plus par leurs noms que par leur nationalité. De plus, cette nationalité peut ensuite avoir des effets tout à fait concrets dans le fonctionnement de la Cour, autant dans le système de la CEDH que dans celui de la C.I.J. Dans le système de la C.I.J., l'article 31 du Statut prévoit par exemple que lors d'un contentieux, si l'une des parties dispose d'un juge ayant sa nationalité au sein du collège, l'autre partie pourra procéder à la désignation d'un juge *ad hoc* pour rééquilibrer la formation de jugement. Dans le système de la CourEDH, le système n'est pas tout à fait le même puisque le juge national est perçu comme « celui qui connaît le mieux le système juridique de l'État intéressé et qui peut donc éclairer ses pairs »[340]. Là où la nationalité représente un risque d'éclatement de l'équilibre impartial et indépendant du collège dans le système de la C.I.J., elle représente plutôt une garantie de bonne justice dans le système de la Cour de Strasbourg. Cette nationalité, même si elle ne détermine pas la décision du juge, emporte donc des conséquences statutaires. La culture d'État est une notion beaucoup plus embrumée, puisqu'impliquée par un certain usage de la nationalité. Cette culture d'État se manifeste lorsque la nationalité prend le dessus sur la conception libre et impartiale du juge, qui devient dans ce cas le serviteur des intérêts de son État. Cet empire de la nationalité, crainte depuis bien longtemps dans le système de la C.I.J., est exacerbé lorsqu'est envisagée la question des juges *ad hoc*. L'IDI se montrant déjà très critique dès 1952, considérant que le système devait se renouveler en profondeur pour que les « juges *ad hoc* soient choisis selon de meilleurs procédés que ceux existants, pour que la relation avec leur État de nationalité soit minimisée »[341].

---

[340] C. L. POPESCU, *op. cit.*, note 173, p. 117.

[341] Annuaire de l'Institut de Droit International, 1954, I., p. 289-290.

Le système du juge national est donc l'un des sujets privilégiés de l'éthique judiciaire internationale, puisque la nationalité constitue une sorte de grenade, qui, non dégoupillée, est une garantie renforcée de l'indépendance du collège, mais qui entraîne, une fois dégoupillée, une culture d'État reprochable qui peut rendre le juge partial. Pour certains auteurs, cette culture d'État est constamment présente chez les juges lorsque leur État de nationalité possède des intérêts dans un litige. William Schabas avance l'idée selon laquelle « no allegiance is 'more powerful, more pervasive, or more subtle' than national loyalty. On the objective dimension, it is argued that even of a national judge is not particularly biased, these some factors underpin a reasonable appearance of partiality »[342]. L'auteur justifie ce raisonnement en partant de l'élection, qui constitue le *forum* dans lequel un État apportera son soutien à un candidat lors d'une campagne « that is almost invariably led by the judge's home government »[343]. Ce soutien préalable, si nécessaire à la réussite de l'élection, induira le candidat à en tenir compte lorsqu'il sera en fonction. Une fois installé, « the judge may be excepted to repay her state for her place on the bench with 'loyal judgments' »[344]. La culture d'État se développerait donc dès la campagne relative à l'élection, et induirait le juge dans ses jugements futurs. On peut analyser ces craintes au regard d'un article fort bien détaillé, recensant l'ensemble des votes de tous les juges nationaux de 1922 à 1967[345]. Il ressort de cette étude que les juges ne votent pas pour leur État de nationalité au point que l'on puisse conclure que leur jugement est biaisé. Le résultat est plutôt rassurant puisque l'auteur évince les doutes relatifs à une rupture de l'indépendance du fait de la nationalité, au moins pour les « regular judges ». Le constat est un peu plus trouble pour les

---

342 W. SCHABAS, S. MURPHY, *Research Handbook on International Courts and Tribunals*, Edward Elgar Pub, Cheltenham, 2017, p. 380.

343 *Ibid*, p. 381.

344 O. ELDAR, « Vote-Trading in International Institutions », *EJIL*, Vol. 19, n°1, 2008, p. 25.

345 I. R. SUH, « Voting Behavior of National Judges in International Courts », *AJIL*, Vol. 63, n°2, 1969, pp. 224-236.

juges *ad hoc*, puisqu'il apparaît que « the regular judge would possess a greater sense of responsibility toward his judicial duties than the *ad hoc* judge who is specially appointed for a single case, although both are expected to possess the same qualifications »[346]. Forcément, l'origine de la désignation est tout à fait différente, puisque les juges *ad hoc* sont nommés ponctuellement pour les besoins de la cause, et pourraient donc être induits plus logiquement à voter en faveur de l'État qui les ont désignés, pour qu'ils le soient encore à l'avenir. Le juge *ad hoc* officiant toutefois à l'intérieur d'un collège, il est peu probable que cette culture d'État rejaillisse sur l'opinion des autres juges, bien que cela dépende de l'influence dudit juge. Cette culture d'État ne contrarierait donc pas le cours d'une justice indépendante et impartiale, et posséderait un terrain d'expression privilégié chez le juge *ad hoc*. À ce titre, J-M Sorel faisait part de son étonnement quant au paradoxe d'une situation concernant la France devant la C.I.J., puisque le juge Abraham s'était logiquement déporté dans *l'Affaire de l'entraide judiciaire en matière pénale*[347], car il avait déjà connu de l'affaire en tant qu'ancien directeur des affaires juridiques du Quai d'Orsay. Sauf que la France avait alors nommé en juge *ad hoc* le juge Guillaume, ancien Président de la Cour et ancien directeur des affaires juridiques du Quai d'Orsay. On perçoit dès lors le paradoxe de la situation puisque même si le juge Guillaume n'avait pas connu l'affaire lorsqu'il était directeur des affaires juridiques, « la culture d'État n'avait sans doute pas encore quitté le juge Guillaume »[348]. Et cette situation fait d'ailleurs étalage d'une pratique française problématique au regard de la culture d'État puisque les juges français à la C.I.J. sont toujours les anciens directeurs des affaires juridiques du MAE. Nul doute que ce poste, l'un des plus élevés dans la hiérarchie nationale, implique que son titulaire soit empli d'une culture étatique à toute épreuve. Cet exemple retranscrit parfaitement la réalité de certaines situations que la règle

---

[346] *Ibid*, p. 230.

[347] *Certaines questions concernant l'entraide judiciaire en matière pénale (Djibouti c. France)*, arrêt, C.I.J. Recueil 2008, p. 177.

[348] Débat *in* J-M. SOREL et H-R. FABRI (dir.), *op. cit.*, note 79, p. 233.

éthique ne peut occulter. Il existe, dans toutes les juridictions et chez tous les juges, une dose de préjugés, de partialité, résultant de leurs antécédents professionnels[349]. Cette réalité ne doit évidemment pas conduire à la paralysie, mais la règle éthique ne peut pas purement et simplement l'oublier en exigeant d'eux une neutralité dans son occurrence la plus parfaite. Ce constat est encore plus visible devant la C.P.I., où Olivier De Frouville rappelle que « la justice pénale internationale semble vouée à rester intrinsèquement partielle, voire partiale »[350]. On peut encore rappeler l'affaire du juge Harhoff au T.P.I.Y., où son dessaisissement intervint alors qu'il avait révélé que certaines décisions du tribunal étaient complètement induites par l'influence du Président du tribunal Theodor Meron, lui-même complètement induit par une rencontre avec un ambassadeur de son pays[351]. L'important est donc de connaître les défauts d'un système, les soupçons de préjugés qui sont parfois indétachables de l'exercice des fonctions du juge international. C'est seulement s'ils sont connus et acceptés qu'ils pourront être modelés pour en atténuer les effets, jusqu'à les rendre inexistants. Comme l'explique A. Seibert-Fohr, « all that is asked from judge's is that they maintain an open mind and exercise a certain degree of detachment »[352]. Le nerf de la guerre se situe dans cette intersection entre la culture d'État et « l'open mind ». La culture d'État est inéluctable, fait partie de ces éléments indétachables de la fonction, mais doit être encadrée pour qu'elle ne puisse débouche sur une utilisation de la nationalité au service des intérêts d'un État. Un exemple récent nous démontre la persistance de cette culture d'État chez les juges nationaux, français en l'occurrence, et les difficultés à

---

[349] A. SEIBERT-FOHR, *op. cit.*, note 134, p. 761.

[350] O. DE FROUVILLE, « Les juridictions pénales internationales et hybrides », *in* J-M. Sorel, H. Ruiz-Fabri, *Indépendance et Impartialité des juges internationaux*, Pedone, Paris, 2010, p. 191.

[351] Wikileaks, « ICTY: President Meron urges USG to oppose Del Ponte Renewal », 2003 July 17, URL : www.wikileaks.org/plusd/cables/03THEHAGUE1827_a.html, commenté par K.J. HELLER, « The real Judge Meron scandal at the ICTY », Opinio Juris, 17 juin 2013.

[352] A. SEIBERT-FOHR, *op. cit.*, note 134, p. 761-762.

endiguer son dévoiement. Le 25 février 2019, la C.I.J. rendait un avis consultatif sur l'archipel des Chagos. Le contexte de cet avis était tout à fait sensible, puisque la Cour avait à juger de la séparation de l'archipel de la colonie britannique de Maurice. Or, en estimant que cette séparation était contraire au droit à l'autodétermination, la Cour concluait que « the UK's continuing administration of the archipelago, which includes the largest US naval base in the Indian Ocean, Diego Garcia, is a continuing internationally wrongful act, which the UK was under an obligation to cease as soon as possible »[353]. En clair, la Cour a décidé que le Royaume-Uni devait rendre les Chagos à Maurice dans les plus brefs délais. Si l'avis n'est que consultatif, le discrédit sur la souveraineté du Royaume-Uni sur les Chagos est désormais public, d'autant plus que l'avis fut commandé par l'AGNU. Les réactions anglaises furent véhémentes, le R-U considérant que la C.I.J. n'avait pas compétence pour se prononcer. Cependant, c'est une tout autre réaction qui nous intéressera puisque le juge Abraham a en effet émis une déclaration, dans laquelle celui-ci dit éprouver « quelques réserves quant à la manière dont l'avis consultatif traite de la question relative au principe dit de 'l'intégrité territoriale' dans le contexte d'un processus de décolonisation ». La préoccupation affichée par le juge Abraham est clairement d'envisager la situation de Mayotte, même s'il prend soin de ne jamais la nommer[354]. Le juge Abraham n'hésite alors pas à qualifier la position de la Cour de « conception absolutiste du principe d'intégrité territoriale », alors même qu'il s'est rallié à l'opinion majoritaire de la Cour sur l'ensemble des dispositifs. Cette réserve vise à limiter la portée de cet avis, pour qu'il

---

[353] M. MILANOVIC, « ICJ Delivers Chagos Advisory Opinion, UK Loses Badly », *Blog of the European Journal of International Law*, février 2019, https://www.ejiltalk.org/icj-delivers-chagos-advisory-opinion-uk-loses-badly/#more-16940

[354] Pour un récapitulatif de la situation, voir le rapport du club des juristes, « Les effets de la séparation de l'archipel des Chagos de Maurice en 1965 dans l'avis consultatif de la Cour internationale de Justice », 28 février 2019, http://blog.leclubdesjuristes.com/les-effets-de-la-separation-de-larchipel-des-chagos-de-maurice-en-1965-dans-lavis-consultatif-de-la-cour-internationale-de-justice/

n'imprègne pas de ses effets certaines autres situations similaires, comme celle de Mayotte. Il ne s'agit pas ici de contester le fond de la déclaration du juge Abraham pour savoir si la Cour a fait une bonne application du principe de l'intégrité territoriale, mais de s'appesantir sur son origine et sur ses motivations. Ces dernières visent clairement à protéger la situation de Mayotte, et donc les intérêts de l'État français qui conserve pour l'heure sa souveraineté sur l'île. D'une déclaration sur les Chagos, le juge Abraham en profite donc pour se faire le messager du gouvernement français. Plus que jamais, cette culture d'État est perceptible. On l'a vu, cette culture d'État n'empêche pas les juges de se déporter s'ils savent que leur position serait de nature à rompre leur indépendance, et ne les empêche pas de voter contre leur État de nationalité s'ils ne se déportent pas. La culture d'État n'est pas un problème, tant qu'elle n'induit pas le raisonnement du juge dans un sens déterminé par l'avis de son État. Ce peut être simplement une culture juridique française, qui peut profiter à l'ensemble du collège en leur donnant les clés pour une meilleure compréhension de la situation [355]. On ne saurait d'ailleurs rappeler que les anciens directeurs des affaires juridiques du MAE possèdent une expérience de l'État, une réalité de la pratique étatique, qui les rendent titulaires d'une connaissance accrue des psychologiques étatiques se retrouvant devant le prétoire de la Cour. La culture d'État est donc l'une des préoccupations majeures de l'éthique judiciaire internationale, qui doit constamment prendre en compte sa réalité pour ajuster les règles préservant l'indépendance des juges. Amenuiser les risques d'une culture d'État trop présente et utilisée dans l'intérêt des États passe donc par l'assurance que celle-ci ne resurgisse pas complètement sur la décision finale du collège.

---

[355] I. R. SUH, *op. cit.*, note 342 : « The arguments that the presence of national judges on the bench would be helpful to the Court in shaping its judgments by interpreting the law and language of the country to the benefit of the other members, that they would increase the confidence of litigating states in its decisions, and make unfavorable decisions more palatable are not necessarily ill-founded ».

Ce combat ne peut qu'être mené dans la difficulté, et la nationalité est loin d'être le seul obstacle pouvant confronter la règle éthique. Certaines pratiques sont si durablement ancrées que ce sont les règles éthiques qui en tiennent compte en apparaissant, alors que la régulation éthique devrait apparaître idéalement en amont, pour proscrire d'avance certaines pratiques qui peuvent poser problème. Son apparition contemporaine expliquerait cela, d'autant plus que la majorité des règles éthiques restent dénuées de valeur contraignante, notamment les règles les plus innovantes. Il n'est pourtant pas certain que l'acquisition d'une telle force juridique soit l'objectif ultime de la règle éthique, qui doit conserver son adaptabilité. Or, cette dernière pourrait lui être enlevée si le « droit dur » intervenait.

2. *La normativité des règles éthiques : de leur valeur à leur codification*

La normativité des règles éthiques et la codification sont des débats contemporains qui se situent dans un prolongement tout à fait remarquable. L'un va difficilement sans l'autre, tant la codification dépendra de la normativité sous-jacente des règles codifiées. Déjà abordée brièvement, cette valeur mérite qu'on y consacre cette fois une réflexion qu'on tentera de rendre représentative de la situation. On peut partir d'un constat : certaines règles, posées dans les textes des juridictions, sont incompatibles l'une avec l'autre. Parfois, ces règles peuvent pourtant être qualifiées d'éthiques, et deviennent précisément contraires à l'éthique lorsqu'elles se confrontent l'une à l'autre. La situation de la limitation de l'acte d'accusation devant la C.P.I. en est un exemple. Les juges ont en effet adopté dans le RPP une règle leur permettant de demander au parquet de limiter l'acte d'accusation (règle 128 du RPP). De l'avis de Christine Van Den Wyngaert, c'est une atteinte à l'indépendance du Procureur « dans le sens où c'est le Procureur qui détermine, qui décide de sa propre politique criminelle »[356]. Dans le corps même du RPP, une règle entrerait donc en contradiction directe avec l'indépendance du Procureur, dont la sauvegarde constitue pourtant l'un des objectifs majeurs de la Cour. Un exemple similaire de contradiction entre plusieurs règles est visible dans les textes de la CourEDH. Effectivement, l'article 21(3) de la CEDH consacre l'impartialité du juge européen et l'article 27 du même texte prévoit cette fois une situation pouvant y portant atteinte, en prévoyant la double participation d'un juge à la même affaire. C-L Popescu y voit ici un conflit de norme et va plus loin dans son analyse en disant que ce conflit pourrait se régler facilement, l'impartialité du juge étant consacrée « par une règle supérieure, de *jus cogens* »[357]. Une règle conventionnelle serait alors contraire à une norme de *jus cogens*. L'auteur y voit alors un « non-respect d'une règle supérieure par une règle inférieure, donc une violation du droit international, sanctionnée par une nullité absolue »[358]. Ce constat est extrêmement intéressant et novateur en tant qu'il n'hésite pas à mettre l'éthique au plus haut niveau hiérarchique. Il en fait une norme de *jus cogens*, alors que les règles éthiques sont majoritairement de la soft law[359]. Sont ici désignées les différentes chartes éthiques, inventoriant des règles applicables à une profession, qui sont édictées par des associations et qui n'ont donc aucune autre force juridique que celle d'imprégner les règles des textes fondateurs des juridictions. Un débat compliqué s'ouvre sur ces quelques mots, la valeur juridique des règles éthiques étant contrastée, entre les règles de soft law, les règles conventionnelles ou le *jus cogens*[360]. Or, on ne sait pas vraiment quelle valeur juridique épouserait de la meilleure des façons la règle éthique. Son caractère contraignant renforcerait sa juridicité, et comblerait certaines lacunes intrinsèques, notamment lorsqu'une règle

---

356 Débat *in* J-M. SOREL et H-R. FABRI (dir.), *op. cit.*, note 345, p. 199.

357 C. L. POPESCU, *op. cit.*, note 173, p. 130.

358 *Ibid.*

359 A. ZHAKIROV, *op. cit.*, note 218.

360 Pour une analyse détaillée sur la question du *jus cogens*, voir C. L. POPESCU, *op. cit.*, note 173, p. 45.

conventionnelle porte atteinte à une règle éthique garantissant l'indépendance du juge. En revanche, la soft law prend en compte l'adaptabilité inhérente à la règle éthique, qui doit s'adapter à des situations se renouvelant constamment. Il est important d'insister sur ce point. Les règles éthiques doivent pouvoir se modeler, à moins qu'elles fassent l'objet d'un consensus si largement partagé que leur fixation serait inéluctable. Tout est finalement question de bonne administration de la justice. La règle éthique doit se placer là où la décision sortira renforcée si un carcan éthique enserre judicieusement les acteurs au procès. Étant une notion à la mode, la règle éthique a tendance à apparaître dans tous les recoins, les rédacteurs se souciant peu d'en envisager les effets à long terme. Forcément, la règle éthique renforce l'apparence de légitimité du juge ou de l'avocat, mais ne doit pas s'absoudre de toutes considérations liées à la réalité de leur travail. La soft law semble donc pourvoir ses meilleurs atours à la règle éthique, puisqu'en renforçant ladite apparence de légitimité, elle poursuit sa route en induisant le comportement des acteurs, sans les forcer à adopter un comportement prédéterminé.

La flexibilité inhérente à la soft law permet d'ouvrir cette fois le débat relatif à la codification des règles éthiques. Cette codification est une préoccupation de plus en plus souhaitée par certains auteurs, qui en appellent au développement de textes regroupant les différentes règles éthiques spécifiques à un corps de profession. Le souhait est parfois exprimé avec une si grande fermeté que la codification apparaîtrait comme la panacée, apportant à la règle éthique tout ce qui lui manquerait : clarté et compréhension. Comme pour toute règle juridique, la codification renforce effectivement la sécurité juridique en rendant les devoirs prescrits par les règles éthiques clairs et compréhensibles, non seulement pour les destinataires mais également pour les tiers. Les appels à la codification furent nombreux, bien que principalement cantonnés aux arbitres et avocats. Si l'idée d'un Code universel d'éthique judiciaire international semble être beaucoup trop utopique, compte tenu de la difficulté à regrouper les différentes professions dans un seul et même texte, l'adoption de codes sectoriels semble en revanche tout à fait possible. On l'a vu, certains codes ont déjà été adoptés, notamment devant les juridictions pénales internationales et des droits de l'homme. Mais il s'agirait cette fois de regrouper dans un même texte les règles s'appliquant aux avocats dans l'ensemble des contentieux internationaux, ou aux juges et arbitres dans le même cas. La tâche semble interminable, tant la différence des contentieux impose certaines règles qui leur sont spécifiques[361]. Avant de consacrer un texte si large, il faudrait déjà que chaque juridiction puisse bénéficier de son code éthique, qui s'appliquerait notamment à l'égard des avocats. Devant les juridictions inter-étatiques, cette idée est défendue par J-P. Cot, qui considère qu'en vertu de ses pouvoirs inhérents, une juridiction pourrait tout à fait adopter de tels codes de conduite[362]. Le juge Cot considère d'ailleurs que ce manque de codification complique sensiblement l'application des principes éthiques fondamentaux[363], l'éparpillement des règles rendant difficile la mise en oeuvre de sanctions formelles. Ce constat est entièrement partagé par d'autres auteurs, certains allant jusqu'à produire de véritables plaidoyers en faveur de la codification de l'éthique devant la C.I.J.[364]. Ce souhait est d'ailleurs décuplé devant les tribunaux arbitraux, où il est fait référence aux vertus de la codification qui augmenterait la qualité des arbitres, grâce au couplage formation/information[365]. Si les associations arbitrales ou de conseils se sont déjà pourvues d'une telle mission, une entreprise de codification émanant de la juridiction même, ou du tribunal arbitral, renforcerait l'importance de la règle éthique. On peut toutefois rappeler le constat qu'on a déjà émis, selon lequel la règle éthique doit garder cette part de soft law, ne doit pas se rigidifier à l'excès. A. Pellet mettait en garde contre les effets de la codification, qui se ne prête pas à

[361] A. SEIBERT-FOHR, *op. cit.*, note 134, p. 774.

[362] J-P. COT, *op. cit.*, note 129, p. 251.

[363] *Ibid.*

[364] S. HIVA, « The International Court of Justice : The Need for a Code of Professional Conduct for Counsel », *Georgetown Journal of Legal Ethics*, Vol. 31, Issue 4, 2018, pp. 817-830.

[365] C. GIOVANNUCCI ORLANDI, *op. cit.*, note 104, p. 116 ; H. GABRIEL, A. H. RAYMOND, *op. cit.*, note 46, pp. 453-470.

n'importe quelle matière, en admettant que « la codification casse le temps ; {…} elle peut soit contrarier les évolutions nécessaires, soit, et c'est encore plus grave à mes yeux, introduire des éléments d'incertitude et des désordres juridiques qui vont à l'encontre de la finalité même de la codification »[366]. Sans cette fois critiquer le processus de codification, d'autres auteurs considèrent que la règle éthique est transcendante, et va bien au-delà des règles et des codes[367]. Le juge Buergenthal rappelait quant à lui que :

> « Judicial ethics are not matters strictly for hard and fast rules. I doubt that they can ever be exhaustively defined - they are matters of perception and of sensibility to appearances that courts must continuously keep in mind to preserve their legitimacy »[368].

Le débat semble presque être sans fin. Codifier l'éthique, c'est la rendre tributaire d'une apparence statique. C'est aussi la mettre sur le même plan que d'autres règles contenues dans le même texte, ce qui lui ferait perdre sa transcendance. *A contrario*, codifier c'est améliorer la visibilité, la transparence, ce qui promeut la confiance du public dans le processus judiciaire[369]. Les arguments sont contradictoires et possèdent tous un fond de vérité. Une balance pourrait être effectuée entre ce qui doit être codifié et ce qui ne doit pas l'être, tout en sachant qu'une compilation apporte une visibilité non négligeable. Si des codes étaient adoptés par les juridictions, rien n'indique cependant qu'ils se verraient conférer une portée contraignante. Ce n'est que dans la prise en compte de ce panel d'exigences, parfois contradictoires les unes envers les autres, que la règle éthique se renforcera. Les acteurs de justice ne

---

366 A. PELLET, « Conclusions générales », *in* SFDI, *La codification du droit international (Colloque d'Aix-en-Provence)*, Pedone, Paris, 1999, p. 333.

367 D. TERRIS, « Tests of Character », *in* D. Terris, C. Romano and L. Swigart, *op. cit.*, note 256, p. 207.

368 *Conséquences légales de la construction d'un mur dans le territoire palestinien occupé*, ordonnance du 30 janvier 2004, C. I. J., Recueil 2004, p. 3.

369 A. SEIBERT-FOHR, *op. cit.*, note 134, p. 761.

doivent pas être laissés seuls avec leur vertu, si bonne puisse-t-elle paraître, et doivent être incités, induits par le droit. Que la codification représente ou non la solution, il est donc certain que la visibilité de la règle éthique doit être augmentée, tout en conservant ce qui constitue le socle de son existence et de son efficacité : l'adaptabilité.

Conclusion

De la même façon qu'un système politique, économique ou social dénué de tous vices est un système qui n'existe pas, une règle éthique dénuée de tous vices ne peut non plus exister. De nombreuses hypothèses restent hors de portée d'une régulation éthique, qui ne peut tout prévoir, qui ne peut tout endiguer. L'éthique judiciaire internationale est en évolution permanente, et ne peut s'absoudre des défauts et des lacunes qui la composent[370]. La réponse la plus naturelle pour désavouer cette position serait de créer la règle éthique en amont, avant même l'apparition des juridictions, pour que les comportements soient induits par la règle éthique dès l'origine. Le constat logique nous oblige à rappeler qu'une pratique judiciaire internationale s'est déjà ancrée, et que la règle éthique, en tout état de cause, peut difficilement intervenir en amont et s'imposer sans tenir compte d'une pratique déjà existante. Et ce n'est pas nécessairement un défaut : pour évoluer, la règle éthique doit observer ce qu'il se fait à l'intérieur des prétoires, à l'intérieur des couloirs opaques des juridictions, et doit tout autant épier l'extérieur pour anticiper les ingérences. La pratique judiciaire, même si elle est problématique dans certains aspects, ne peut être purement et strictement canalisée. L'exemple des opinions séparées en est la parfaite illustration. Il faut parfois autoriser certaines pratiques, en sachant bien qu'elles pourraient être détournées, et, pire encore, compromettantes pour la personne qui s'y prête. Le risque mérite parfois d'être pris et tout le travail des rédacteurs sera de poser une règle éthique qui encadre sans proscrire définitivement. Les associations se sont déjà attelées à la tâche et leur travail est parfois remarquable, tant certaines règles détonnent par leur précision. Mais le relais doit aussi être pris par les États, qui ne peuvent laisser les associations faire cavalier seul. Ce sont en effet les États qui restent maitre de la rédaction des différents textes fondateurs des juridictions, et qui gardent donc la main sur l'ensemble des dispositions éthiques. Ce sont les États qui assignent

[370] A. SEIBERT-FOHR, *op. cit.*, note 134, p. 777.

majoritairement des procédures pour préserver l'indépendance et l'impartialité des gens de justice, et qui en perçoivent en premier lieu les failles. Ce sont également eux qui déjoueront les règles éthiques, ce qui est parfaitement perceptible devant la C.I.J. avec les agents qui sont les premiers à manifestement manquer à leurs devoirs. De ce point de vue, les responsables des défaillances de la règle éthique sont bien les États, qui ne prendront pas le risque de poser des règles trop contraignantes, qui pourraient les gêner dans leur exercice du procès. Toutefois, ce constat ne peut expliquer seul les faiblesses des règles éthiques. Il ne s'agit pas de faire un réquisitoire uniquement dirigé contre les États. Dans de nombreux cas, les règles éthiques sont posées pour permettre aux parties de voir leur litige traité de la meilleure des manières par un juge déconnecté des intérêts catégoriels. Et ces règles, instaurées pour l'amélioration de l'administration de la justice, peuvent être mésutilisées par les juridictions. On l'a clairement vu lorsque certaines juridictions ont vent de la production frauduleuse d'éléments de preuve. Par manque de moyens, ou par pure frilosité, la Cour pourra ne pas utiliser les procédures mises à sa disposition[371]. Même si la règle éthique est complète, et confère à la Cour des prérogatives, leur absence de mise en oeuvre peut l'affaiblir drastiquement.

L'éthique est donc une affaire globale, qui doit intéresser tous les acteurs, des États fondateurs aux parties en passant par la juridiction elle-même. Une éthique de la relation judiciaire[372] doit se tisser, permettant à chaque profession de connaître l'autre, son organisation et ses failles. La préoccupation éthique doit être universelle. Ce constat n'est pas antinomique avec l'avertissement posé par J. El Ahdab, selon lequel l'importance de la règle éthique ne doit pas être niée, sans pour autant être surestimée[373]. Et les quelques mots d'Aristote prennent alors une coloration singulière : « Si les discours et les écrits étaient

---

[371] Sur cette question, V. Chapitre 2, Section 2, I. B) 1.

[372] F. MOLINS, « Les relations entre le ministère public et l'avocat », *Procédures*, n° 5, Mai 2017, dossier 9, p. 3.

[373] J. EL AHDAB, *op, cit.*, note 14, point 6.

capables à eux seuls de nous rendre honnêtes, ils mériteraient bien {...} d'être recherchés par tout le monde et payés au plus haut prix ; on n'aurait qu'à se les procurer »[374]. La mise en perspective qui nous est offerte par Aristote possède plus que jamais une signification contemporaine lorsqu'on se penche sur la règle éthique. L'écriture des règles éthiques, leur incorporation dans des textes faisant foi dans l'ordre juridique international ne saurait occulter le déterminisme personnel dont tout acteur doit faire preuve. Comme le souligne le juge Guillaume, « l'indépendance est avant tout question de personnalité. Ne subit des pressions que le juge dont on pense qu'il pourrait céder à ces pressions. Est indépendant le juge qui entend l'être »[375]. L'indépendance serait avant tout une affaire de personnes, et tiendrait donc autant au respect strict des règles statutaires qu'à des idéaux de justice relevant plus de cas de conscience personnels. Si ces considérations trouvent écho dans la culture d'État, le juge la faisant ressortir ou pas lorsque son État de nationalité est en cause, on ne peut considérer que l'indépendance dépend exclusivement d'un cas de conscience individuel. La mise en œuvre de la règle éthique, il est vrai, dépend clairement de l'utilisation qu'en font les juges, à travers ce qu'ils trouvent être comme étant légitime pour les besoins de la cause. Mais la rédaction d'une règle éthique permet de poser un cadre, de pourvoir l'indépendance d'une visibilité et de lui conférer une délimitation. On en revient finalement toujours au débat quelque peu lancinant sur la codification des règles éthiques qui s'opposerait à sa transcendance. Pourtant, il n'apparaît pas que les deux systèmes soient purement antinomiques. La transcendance de la règle éthique est souvent inavouée, mais jamais oubliée. En témoignent les nombreux discours des magistrats des juridictions internationales devant l'AGNU qui ne cessent de rappeler l'importance d'une juridiction indépendante, dotée de ressources financières lui permettant de ne pas faire du « chiffre ». L'éthique individuelle des gens de justice est consacrée dans cette éthique plus globale

---

[374] ARISTOTE, *L'éthique à Nicomaque*, Librairie générale française, (trad. J. Barthélémy Saint-Hilaire et A. Gomez-Muller) 1992, p. 427.
[375] S. SZUREK, *op, cit.*, note 55, p. 54.

de la juridiction. Cette transcendance peut se coupler ensuite avec la formalisation de règles, qui s'envisage cette fois au regard des tiers et des parties. Autant que le financier, la confiance du public est le nerf de la guerre. Celle-ci ne pourra se renforcer qu'au regard des textes posés par les juridictions, qu'au regard d'une communication attestant d'une prévalence éthique. Les gens de justice ne peuvent être laissés seuls avec leur vertu, tout aussi irréprochable soit-elle : la vertu doit suivre la règle, et la règle doit parfois suivre leur vertu. Tout est finalement une question de curseur, qui doit se poser à un moment précis, soit pour induire en amont, soit pour encadrer et prendre en compte. Ce chemin est évidemment semé d'ornières, et ne doit surtout pas s'écourter. La règle éthique ne doit pas rester une préoccupation ponctuelle, tout aussi éphémère que la mode, mais doit s'ancrer durablement dans une société internationale où les juridictions sont parfois les premières à subir une crise de confiance.

Bibliographie

Ouvrages

W. BOURDON, E. DUVERGER (dir.), *La Cour pénale internationale. Le statut de Rome*, Éditions Points, 2000, 368 p.

J. CARBONNIER, *Écrits*, (textes rassemblées par R. Verdier), PUF, 2008, 1376 p.

M. N. CLEIS, *The Independence and Impartiality of ICSID Arbitrators : Current Case Law, Alternative Approaches, and Improvement Suggestions*, Brill, Leiden, Boston, 2017, 292 p.

C. GIORGETTI (dir.), *Challenge and Recusal of Judges and Arbitrators in International Courts and Tribunals*, Brill, Leyden, 2015, 428 p.

G. J. HORVATH, S. WILSKE (dir.), *Guerrilla Tactics in International Arbitration*, Wolters Kluwer, 2013, 429 p.

C. JARROSSON, *La notion d'arbitrage*, LGDJ, Paris, 1987, 408 p.

G. KEUTGEN (dir.), *L'éthique dans l'arbitrage*, Actes du colloque de Francarbi du 9 décembre 2011, Bruylant, Bruxelles, 2011, 158 p.

E. LE GALL, *La poursuite des crimes internationaux : réflexions sur l'opportunité des poursuites du procureur international*, IRJS Éditions, Paris, 2016, 760 p.

H. MOTULSKY, *Écrits. Études et notes sur l'arbitrage*, Dalloz, Paris, 1994, 542 p.

B. OPPETIT, *Philosophie du droit*, Dalloz, 1999, n°131, p. 138.

A. REDFERN, M. HUNTER, N. BLACKABY, C. PARTASIDES, *Law and Practice of International Commercial Arbitration*, 4ème éd., Sweet & Maxwell, 2004, 661 p.

F. RIVIÈRE, *Les opinions séparées des juges à la Cour européenne des droits de l'homme*, Bruylant, Bruxelles, 2004, 464 p.

C. P. ROMANO, K. J. ALTER, Y. SHANY (dir.), *The Oxford Handbook of International Adjudication*, Oxford University Press, Oxford, 2014, 975 p.

S. ROSENNE, *The World Court What It Is and how It Works*, Martinus Nijhoff Publishers, Dordrecht, Boston, London, 4e édition, 1989, 344 p.

H. RUIZ-FABRI, J-M. SOREL (dir.), *Indépendance et impartialité des juges internationaux*, Pedone, Paris, 2010, 304 p.

D. SALAS, H. EPINEUSE (dir.), *L'éthique du juge: une approche européenne et internationale*. Dalloz, Paris, 2003, 218 p.

A. SARVARIAN, *Professional Ethics at International Bar*, Oxford University Press, Oxford, 2013, 306 p.

W. SCHABAS, S. MURPHY, *Research Handbook on International Courts and Tribunals*, Edward Elgar Pub, Cheltenham, 2017, 576 p.

SFDI, *La codification du droit international (Colloque d'Aix-en-Provence)*, Pedone, Paris, 1999, 341 p.

D. TERRIS, C. ROMANO, L. SWIGART, *The International Judge : An Introduction to the Men and Women Who Decide the World's Cases*, Brandeis University Press, Lebanon, 2007, 348 p.

A. ZIMMERMANN et al. (dir.), *The Statute of the International Court of Justice. A Commentary*, Oxford University Press, Oxford, 3ème édition, 2006, 1577 p.

Chapitres d'ouvrages

J-P COT, « Le monde de la justice internationale », *in* SFDI, *La juridictionnalisation du droit international*, Pedone, Paris, 2003, pp. 511-522.

J-P. COT, « Remarques sur la déontologie des avocats et des conseils auprès des cours et tribunaux internationaux », *in Liber Amicorum en l'honneur de Serge Sur*, Pedone, Paris, 2014, pp. 243-252.

P. COUVREUR, « Article 16 », *in* A. Zimmermann et al. (dir.), *The Statute of the International Court of Justice. A Commentary*, Oxford University Press, Oxford, 3ème édition, 2006, pp. 365-366.

O. DE FROUVILLE, « Les juridictions pénales internationales et hybrides », *in* J-M. Sorel, H. Ruiz-Fabri (dir.), *Indépendance et Impartialité des juges internationaux*, Pedone, Paris, 2010, pp. 153- 191.

O. DESCAMPS, « Ancrages historiques » *in* D. Bureau, F. Drummond, D. Fenouillet (dir.), *Droit et morale*, Dalloz, Paris, Coll, Thèmes commentaires, 2011, pp. 115-136.

J. EL AHDAB, « L'éthique dans la conduite et la gestion de l'arbitrage », *in* B. Moreau (dir.), *L'arbitrage institutionnel en France*, Bruylant, Bruxelles, 2016, pp. 19-60.

F. ESTAVILLO-CASTRO, « Ethics in Arbitration », *in* M. A. Fernandez-Ballesteros & D. Arias (dir.), *Liber amicorum in honour of Bernardo Cremades*, La Ley, Madrid, 2010, pp. 387-412.

J-C. FERNANDEZ ROZAS, « Clearer ethics guidelines and comparative standards for arbitrators », *in* M. A. Fernandez-Ballesteros and D. Arias (dir.), *Liber Amicorum in honour of Bernardo Cremades*, La Ley, Madrid, 2010, pp. 413-449.

C. GIORGETTI, « The Challenge and Recusal of Judges of the International Court of Justice », *in* C. Giorgetti (dir.), *Challenges and Recusals of Judges and Arbitrators in International Courts and Tribunals*, Brill, Leyden, 2015, pp. 3-34.

G. GIROUX, « Les besoins auxquels obéit la demande d'éthique dans la société », *in* A. Lacroix et A. Letourneau (dir.), *Méthodes et interventions en éthique appliquée*, Fides, Ottawa, 2000, p. 77.

C. GIOVANNUCCI ORLANDI, « L'exemple de la chambre arbitrale nationale et internationale de Milan (Camera arbitrale di Milano) », *in* G. Keutgen (dir.), *L'éthique dans l'arbitrage*, Bruylant, Bruxelles, 2011, pp. 103-116.

G. GRANDJEAN, « Les juges et l'arbitrage de valeurs morales » *in* G. Grandjean (dir.), *Pouvoir politique et audace des juges*, Bruxelles, Bruylant, 2018, pp. 149-190.

C. JARROSSON, « Éthique, déontologie et normes juridiques dans l'arbitrage », *in* G. Keutgen (dir.), *L'éthique dans l'arbitrage*, Bruylant, Bruxelles, 2011, pp. 1-16.

E. JOUANNET, « Actualité des questions d'indépendance et d'impartialité des juridictions internationales: la consolidation d'un tiers pouvoir international ? », *in* J-M. Sorel, H-R. Fabri (dir.), *Indépendance et impartialité des juges internationaux*, Pedone, Paris, 2010, pp. 271-302.

P. MAYER, « La règle morale dans l'arbitrage international », *in Études offertes à Pierre Bellet*, Litec, Paris, 1991, pp. 379-402.

F. MÉGRET, « Les institutions judiciaires internationales », *in* J-B Jeangène Vilmer (dir.), *Ethique des relations internationales, Problématiques contemporaines*, PUF, Paris, 2013, pp. 269-296.

H. MOSLER, « Judgments of International Courts and Tribunals », *in* R. Bernhard (dir.), *Encyclopedia of Public International Law*, North Holland, New-York, 1981, pp. 31-38.

A. PELLET, « Conseil devant la Cour internationale de Justice – Quelques impressions », *in Mélanges offerts à Hubert Thierry*, Pedone, Paris, 1998, pp. 345-362

C. L. POPESCU, « la Cour Européenne des Droits de l'Homme », *in* H. Ruiz Fabri, J-M Sorel (dir.), *Indépendance et impartialité des juges internationaux*, Pedone, Paris, pp. 39-136.

D. ROUSSEAU, « Les opinions dissidentes, "preuve" de la rationalité des décisions de justice », *in* F. Segado (dir.), *The Spanish Constitution in the European constitutional context*, Dykinson, S.L., Madrid, 2003, p. 1115.

C. SANTULLI, « Trois observations sur l'indépendance et l'impartialité des juridictions internationales », *in* H. RUIZ FABRI / J-M SOREL (dir.), *Indépendance et impartialité des juges internationaux*, Paris, Pedone, pp. 225-232.

A/ SEIBERT-FOHR, « International judicial ethics », *in* C. P. Romano, K. J. Alter, Y. Shany (dir.), *The Oxford Handbook of International Adjudication*, Oxford University Press, Oxford, 2014, pp. 757-779.

P. T. STOLL, « L'Organe de Règlement des différends de l'Organisation mondiale du commerce », *in* H. Ruiz-Fabri et J-M. Sorel (dir.), *Indépendance et impartialité des juges internationaux*, Pedone, Paris, pp. 205-214.

P. TERCIER, « L'éthique des arbitres », *in* G. Keutgen (dir.), *L'Éthique dans l'arbitrage*, Bruylant, Bruxelles, 2011, pp. 17-37.

T. W. WÄLDE, « 'Equality of Arms' in Investment Arbitration : Procedural Challenges », *in* Katia Yannaca-Small (dir.), *Arbitration under International Investment Agreements : A Guide to the Key Issues*, Oxford University Press, 2010, 960 p, pp. 161-188.

Articles de revues

E. ALT, M-A. LE THEULE, « La justice aux prises avec l'éthique et la performance », *Revue du Centre d'études et de recherches en administration publique*, n°22, 2011, pp. 137-159.

R. P. ANAND, « The role of individual and dissenting opinions in international adjudication », *ICLQ*, Vol. 14, n°3, 1965, pp. 788-808.

D. BERNARD, « Une allégorie de la fonction de juger en droit international pénal », *RIEJ*, Vol. 71, n°2, 2013, pp. 171-190.

D. BISHOP and L. REED, « Practical Guidelines for Interviewing, Selecting and Challenging Party-Appointed Arbitrators in International Commercial Arbitration », *Arbitration International*, Vol. 14, n°4, 1998, pp. 395-430.

M. BODE, « Veille de Guerrilla Tactics in International Arbitration », *JDI* (Clunet), n° 4, 2015, biblio. 26.

C. BROWN, « The inherent powers of international courts and tribunals », *British Yearbook of International Law*, Vol. 76, 2005, pp. 195-244.

J. COMMAILLE, « Éthique et droit dans l'exercice de la fonction de justice », *Sociétés contemporaines*, Vol. 7, n°1, 1991, pp. 87-101.

G. CORNU, « Le décret du 14 mai 1980 relatif à l'arbitrage. Présentation de la réforme », *Revue de l'arbitrage*, 1980, pp. 583-597.

J-P. COT, « Note de lecture : Armand Sarvarian, Professional ethic at the international bar », *AFDI*, Vol. 59, 2013, pp. 661-663.

T. DANNENBAUM, « Nationality and the International Judge », *Cornell International Law Journal*, Vol. 45, 2012, pp. 88-119.

R. DUPEYRE, « La déontologie de l'arbitre », *RJOI*, n°24, 2017, pp. 49-54.

O. ELDAR, « Vote-Trading in International Institutions », *EJIL*, Vol. 19, n°1, 2008, pp. 3-41.

G. ERMISSE, « La déontologie, l'éthique et les obligations légales et règlementaires des archivistes français », *Gazette des archives*, n°196, 2004, pp. 1-25.

L. FAVOREU, « Récusation et administration de la preuve devant la Cour internationale de Justice. À propos des affaires du Sud-Ouest Africain (Fond) », *AFDI*, Vol. 11, 1965, pp. 233-277.

G. FISCHER, « Les réactions devant l'arrêt de la Cour internationale de Justice concernant le Sud-Ouest africain », *AFDI*, Vol. 12, 1996, pp. 144-154.

J-F. FLAUSS, « Actualités de la Cour européenne des droits de l'homme (septembre 2009-février 2010) », *AJDA*, 2010, pp. 997-1015.

J. FOURET, D. KYAYAT, « Le Centre international pour le règlement des différends relatifs aux investissements », *RQDI*, Vol. 17, n°2, 2004, pp. 231-277.

T. FRANCK, « Some Psychological Factors in International Third-Party Decision Making », *Stanford Law Review*, Vol. 19, n°6, 1967, pp. 1217-1247.

H. GABRIEL, A. H. RAYMOND, « Ethic for Commercial Arbitrators : Basic Principles and Emerging Standards », *Wyoming L. Rev.*, Vol. 5, n° 2, 2005, pp. 453-470.

E. GAILLARD, « Centre international pour le règlement des différends relatifs aux investissements : Chronique des sentences arbitrales », *JDI (Clunet)*, n°1, 2005, biblio. 1.

R. GOLDSTONE, « International Judges: Is There a Global Ethic ? », *Ethics & International Affairs*, Vol. 29, n°3, 2015, pp. 249-258.

L. GROSS, « The International Court of Justice : Consideration of Requirements for Enhancing its Rôle in the International Legal Order », *AJIL*, Vol. 65, Issue 2, 1971, pp. 253-326.

C. HANNOUN, « La déontologie des activités financières : contribution aux recherches actuelles sur le néo-corporatisme », *RTD com.*, 1989, pp. 417-455.

L. HUPPÉ, « Les déclarations de principes internationales relatives à l'indépendance judiciaire », *Les Cahiers de droit*, Vol. 43, n°2, 2002, pp. 299-326.

C. JORDA, et J-P. CHAGNOLLAUD, « Le juge et le politique », *Confluences Méditerranée*, Vol. 64, n°1, 2008, pp. 11-23.

A. KAI, « 'Witness Proofing' before the International Criminal Court : A reply to Karemaker, Taylor and Pittman », *Leiden Journal of International Law*, Vol. 21, n°4, 2008, pp. 913-916.

K. J. KEITH, « The International Court of Justice : *primus inter pares* ? », *International Organizations Law Review*, Vol. 5, 2008, pp. 7-22.

J. MALENOVSKY, « Les opinions séparées et leurs répercussions sur l'indépendance du juge international », *ACDI*, Vol. 3, 2010, pp. 27-70.

L. MARQUIS, « La notion d'arbitrage commercial international en droit québécois », *Revue de droit de McGill*, Vol. 37, 1992, pp. 450-454.

G. MATRAY, « L'éthique dans l'arbitrage. Colloque du 9 décembre 2011 », *R.D.I.D.C.*, n°2, 2012, pp. 301-307.

J. MBOKANI, « L'impact de la stratégie de poursuite du Procureur de la Cour pénale internationale sur la lutte contre l'impunité et la prévention des crimes de droit international », *Droits fondamentaux,* n° 7, janvier 2008 – décembre 2009, pp. 1-46.

F. MOLINS, « Les relations entre le ministère public et l'avocat », *Procédures*, n° 5, dossier 9, 2017, 3 p.

A. PELLET, « Remarques sur le 'métier' de Conseil devant la Cour internationale de justice », *in* Nations Unies, *Recueil d'articles de conseillers juridiques d'Etats, d'organisations internationales et de praticiens du droit international*, New York, 1999, pp. 435-458.

R. PINTO, « La Cour internationale de Justice », *Jurisclasseur Droit International*, Vol. III, Fasc. 215, 2011, 48 p.

P. S. REICHLER, « The Nicaragua Case : A Response to Judge Schwebel », *AJIL*, Vol. 106, 2012, pp. 316-321.

W. M. REISMAN, « Revision of the South West Africa Cases », *Virginia Journal of International law*, Vol. 7, n°1, 1966, pp. 3-89.

C. ROSE, « Fraudulent Evidence at the International Court of Justice », *Proceedings of the ASIL Annual Meeting*, Vol. 110, 2016, pp. 329-332.

S. ROSENNE, « International Court of Justice : Practice directions on judges *ad hoc* ; counsel and advocates ; and submission of new documents », *Law & Practice of International Courts and Tribunals*, Vol. 1, Issue 2, 2002, pp. 223-246.

C. SANTULLI, « Qu'est-ce qu'une juridiction internationale ? Des organes répressifs internationaux à l'ORD », *AFDI*, Vol. 46, 2000, pp. 58-81.

A. SARVARIAN, « Common ethical standards for counsel before the European Court of Justice and European Court of Human Rights », *European Journal of International Law*, Vol. 23, n°4, 2012, p. 991-1014.

S. M. SCHWEBEL, « Celebrating a Fraud on the Court », *AJIL*, Vol. 106, 2012, pp. 102-105.

S. M. SCHWEBEL, « The Nicaragua Case : A Response to Paul Reichler », *AJIL*, Vol. 106, 2012, pp. 582-583.

C. P. SKINNER, « Ethical dilemmas in interstate disputes », *Proceedings of the ASIL Annual Meeting*, Vol. 110, 2016, pp. 321-323.

O. SCHACHTER, « Invisible college of international lawyers », *Northwestern University Law Review*, Vol. 72, 1977, pp. 217-226.

J-M SOREL, « Les juridictions internationales : un ensemble hétérogène et partiel », *in* « À quoi sert le droit international ? », *Questions internationales*, La documentation française, n° 49, 2011, pp. 77-85.

M. STEPHENS, « Ethics in International Arbitration : Some reflections in Singapore », *Arbitration – CIArb*, n°3, 2014, pp. 294-298.

I. R. SUH, « Voting Behavior of National Judges in International Courts », *AJIL*, Vol. 63, n°2, 1969, pp. 224-236.

L. SWIGART, « The National Judge : Some Reflections on Diversity in International Courts and Tribunals », *McGeorge L. Rev.*, Vol. 42, Issue 1, 2016, pp. 223-241.

S. SZUREK, « La composition des juridictions internationales permanentes : de nouvelles exigences de qualité et de représentativité », *AFDI*, Vol. 56, n°56, 2010, pp. 41-78.

D. F. VAGTS, « The International Legal Profession: A Need for More Governance? », *AJIL*, Vol. 90, n°2, 1996, pp. 250-261.

A. ZHAKIROV, « Conflicts and ethics in international arbitration », *Arbitration*, Vol. 85, n°1, 2019, pp. 36-48.

Documents électroniques

D. BISHOP, « Ethics in International Arbitration », Conférence de l'ICCA à Rio le 26 mai 2010, URL : https://www.arbitration-icca.org/media/0/12763302233510/icca_rio_keynote_speech.pdf

Discours de S.Exc. M. Abdulqawi A. Yusuf, Président de la Cour internationale de Justice, à l'occasion de la soixante-treizième session de l'AGNU, 25 octobre 2018, URL : https://www.icj-cij.org/files/press-releases/0/000-20181025-PRE-02-00-FR.pdf

E. BRUTI LIBERATI, « L'entretien déontologique et la prévention des situations de conflit d'intérêts », Intervention au cours du colloque *La déontologie des magistrats de l'ordre judiciaire – la déclaration d'intérêts*, Vendredi 30 juin 2017, 6 p. URL : https://www.courdecassation.fr/IMG///BRUTI%20LIBERATI_d%C3%A9onto_contrib.pdf

Communiqué de presse, MS/CS/PR1578f, T.P.I.Y., « Le Juge Harhoff est dessaisi de l'affaire Šešelj, 29 août 2013 », URL :

http://www.icty.org/fr/press/le-juge-harhoff-est-dessaisi-de-l%E2%80%99affaire-%C5%A1e%C5%A1elj

B. COTTE « La Cour pénale internationale: l'expérience d'un magistrat français », *La revue des droits de l'homme*, 2017, Vol. 11, URL : https://journals.openedition.org/revdh/2776

CPI-BdP, *Rapport annuel sur les activités menées en 2017 en matière d'examen préliminaire,* 2017, URL : https://www.icc-cpi.int/itemsDocuments/2017-PE-rep/2017-otp-rep-PE_ENG.pdf

Discours de son excellent ce M. Abdulqawi Ahmed Yusuf, Président de la C.I.J., devant l'académie royale de Belgique, « La justice supranationale : forces, défis et le rôle croissant de la Cour internationale de Justice », 12 novembre 2018, URL : https://www.icj-cij.org/files/press-releases/0/000-20181112-PRE-01-00-FR.pdf,

FIDH, *« Le Bureau du Procureur de la CPI - 9 ans plus tard- Analyse de la stratégie et des politiques de poursuite du Bureau du Procureur (2003-2011), recommandations à la prochaine Procureure de la CPI »*, 2011, n°579, URL : fhttps://www.fidh.org/IMG/pdf/cpiprocfranc_ais-2.pdf

K. GLASSBOROW, « La stratégie d'enquête de la CPI sous le feu des critiques », *in* Institute for War & Peace Reporting, *Rapport spécial : Violence sexuelle en République démocratique du Congo*, 2008, URL : http://www.iwpr.net/pdf/IWPR_NL_DRC_special_102008_fr.pdf

G. GUILLAUME, « La justice internationale à l'aube du XXIe siècle », Conférence faite à l'Institut du droit de la paix et du développement, 3 novembre 2004, *Perspectives internationales et européennes*, n° 1, Ouverture, pp. 1-9, URL : http://revel.unice.fr/pie/index.html?id=33.

K. J. HELLER, « Judge Ozaki must resigned - or be removed », *Blog Opinio Juris*, 2019,

URL : http://opiniojuris.org/2019/03/29/judge-ozaki-must-resign-or-be-removed/

K. J. HELLER, « Problematic Statements by the French Judge at the ICC », *Blog Opinio Juris*, 2019, URL : http://opiniojuris.org/2019/05/03/problematic-statements-by-the-french-judge-at-the-icc/

HRW, *« Courting History, the Landmark International Criminal Court's First Years »,* 2008, 1-56432-358-7, URL : https://www.hrw.org/sites/default/files/reports/icc0708_1.pdf

ICC-ASP/12/Res.6, *Establishment of an independent oversight mechanism,* 2009, Annex, URL : https://asp.icc-cpi.int/iccdocs/asp_docs/Publications/Compendium/Resolution-IOM-FRA.pdf

M. MILANOVIC, « ICJ Delivers Chagos Advisory Opinion, UK Loses Badly », *Blog of the EJIL*, février 2019, URL : https://www.ejiltalk.org/icj-delivers-chagos-advisory-opinion-uk-loses-badly/#more-16940

C. PALME, « Complaint against ICC Prosecutor », 2006, URL : « http://www.innercitypress.com/ocampocomplaint.pdf>

J-M. SAUVÉ. « Le juge face aux questions éthiques », Intervention de Jean-Marc Sauvé, vice-président du Conseil d'Etat, Séminaire de formation continue des chefs de cour d'appel intitulé *« L'humanisme, enjeu séculaire pour la justice, nouvel enjeu pour la justice aujourd'hui et celle de demain. Juger au cœur de la société des hommes »,* Ecole nationale de la magistrature, 29 septembre 2015, URL : http://www.conseil-etat.fr/content/download/47932/418418/version/2/file/le%20juge%20et%20la%20fin%20de%20vie.pdf

Press Release, n°2012/1, ICC, « The Security Council has fixed the date for the election of a successor to Mr. Awn Shawkat Al-Khasawneh, former judge and Vice-President of the

International Court of Justice », January 20, 2012, URL : http://www.icj-cij.org/presscom/files/1/16861.pdf.

Press Release n°2001/20, ICC, « Judge Mohammed Bedjaoui, Former President of the Court, Will resign as a Member of the Court as of 30 September 2001 », July 6, 2001, URL : https://www.icj-cij.org/files/press-releases/0/000-20010706-PRE-01-00-FR.pdf

Wikileaks, « ICTY: President Meron urges USG to oppose Del Ponte Renewal », 2003 July 17, URL : www.wikileaks.org/plusd/cables/03THEHAGUE1827_a.html, commenté par K.J. HELLER, « The real Judge Meron scandal at the ICTY », Opinio Juris, 17 juin 2013.

Textes institutionnels

Cour Européenne des Droits de l'Homme et autres juridictions continentales des droits de l'Homme

Convention Européenne des Droits de l'Homme et des libertés fondamentales, telle qu'amendée par les Protocoles n°11 et 14, et complétée par le Protocole additionnel et les Protocoles n°4, 6, 7, 12, 13 et 16.

Recommandation 1649 (2004) de l'Assemblée parlementaire du Conseil de l'Europe relative aux candidats à la CourEDH, discussion et texte adopté par l'Assemblée le 30 janvier 2004, lors de la 8ème séance.

Règlement de la Cour Européenne des Droits de l'Homme, version du 1er août 2018.

Résolution sur l'éthique judiciaire, Cour Européenne des Droits de l'Homme, Adoptée par la Cour plénière le 23 juin 2008.

Statut de la Cour Interaméricaine des Droits de l'Homme, approuvé par la Résolution N° 448 adoptée par l'Assemblée générale de l'OEA a sa neuvième session ordinaire tenue a La Paz, Bolivie en octobre 1979.

Statut de la Cour Africaine des Droits de l'Homme et des Peuples, Protocole à la CADHDP adopté le 9 juin 1998 et est entré en vigueur le 25 janvier 2004.

Centre International pour le Règlement des Différends relatifs aux Investissements

Convention pour le règlement des différends relatifs aux investissements entre États et ressortissants d'autres États, 18 mars 1965.

Règlement de procédure relatif aux instances d'arbitrage (Règlement d'arbitrage), 10 avril 2006.

Cour International de Justice

Instructions de procédure (Telles qu'amendées le 20 janvier 2009 et 21 mars 2013).

Statut de la Cour Internationale de Justice, 1945.

Règlement de la Cour Internationale de Justice, 1978.

Cour Pénale Internationale et TPI ***ad hoc***

ICC-ASP/4/Res.1, *Code de conduite professionnelle des conseils*, Adoptée par consensus à la troisième séance plénière, 2005.

ICC-ASP/1/3 et Corr.1, Règlement de Procédure et de Preuve, Adopté par l'AEP le 10 septembre 2002.

ICC-BD/01-01-04, Règlement de la Cour, Adopté par les juges de la Cour le 26 mai 2004.

ICC-BD/02-01-05, *Code d'éthique judiciaire*.

Règlement interne du Procureur n°2, *Règles De Déontologie Pour Les Représentants De L'accusation*, 1999.

Statut de Rome, A/CONF.183/9, adopté le 17 juillet 1998 et entré en vigueur 1er juillet 2002.

Institut du Droit International

IDI Session de Rhodes 2011, 6ème Commission, « La situation du juge international », *Ann. IDI*, volume 74, Éditions Pedone, I Travaux préparatoires, Rapport Gilbert Guillaume pp. 2-38.

International Bar Association

IBA-ICC, *Code de déontologie des avocats plaidant devant la Cour pénale internationale*, 2002.

IBA, *Lignes directrices sur les conflits d'intérêts dans l'arbitrage international*, approuvées le 22 mai 2004 par le Conseil de l'International Bar Association.

International Law association

ILA, *The Burgh House Principles On The Independence OfThe International Judiciary*, 2005.

ILA, *The Hague Principles on Ethical Standards for Counsel Appearing before International Courts and Tribunals*, 2011.

Nations Unies

Principes fondamentaux relatifs à l'indépendance de la magistrature, Adoptés par le septième Congrès des Nations Unies pour la prévention du crime et le traitement des délinquants qui s'est tenu à Milan du 26 août au 6 septembre 1985 et confirmés par l'Assemblée générale dans ses résolutions 40/32 du 29 novembre 1985 et 40/146 du 13 décembre 1985.

Annual Report to the General Assembly for the Period 1August 1995 to 31 July 1996, U.N. GAOR, 51st Sess., Supp. No. 4, at 199, u.N. Doc. A/50/7/Add.u (Dec. 12, 1995).

Organe de Règlement des Différends de l'OMC

Mémorandum d'accord sur les règles et procédures régissant le règlement des différends, Protocole de Marrakech Annexé à l'Accord Général sur les Tarifs Douaniers et le Commerce de 1994, Annexe 2.

Règles de conduite relatives au mémorandum d'accord sur les règles et procédures régissant le règlement des différends, WT/DSB/RC/1, 11 décembre 1996.

Tribunal International du Droit de la Mer

Règlement du Tribunal (ITLOS/8), tel qu'adopté le 28 octobre 1997 et tel qu'amendé le 15 mars 2001, le 21 septembre 2001, le 17 mars 2009 et le 25 septembre 2018.

Statut du Tribunal international du droit de la mer, Annexe VI à la Convention des Nations unies sur le droit de la mer.

Divers

Guide to Judicial Conduct, Hong-Kong, Octobre 2004.

Projet de principes sur l'indépendance du pouvoir judiciaire ("Principes de Syracuse"), élaboré par un comité d'experts mandaté par l'Association internationale de droit pénal, la Commission internationale de juristes et le Centre pour l'indépendance des juges et des avocats, 1981.

Principes de Bangalore sur la déontologie judiciaire, adoptés par le Groupe judiciaire sur le renforcement de l'intégrité de la justice et révisé lors de la table ronde des premiers présidents organisée au Palais de la Paix à La Haye les 25 et 26 novembre 2002.

Principes de déontologie judiciaire du Conseil canadien de la magistrature, 1998.

Arrêts, avis

Arbitrage International

Libananco Holdings Co. Limited v. Republic of Turkey, I.C.S.I.D., n°ARB/06/8, September 2, 2011.

Piero Foresti, Laura de Carli et autres c. République d'Afrique du sud (2010), C.I.R.D.I., n°ARB/07/1, 4 août 2010.

Sempra v. Argentina et *Enron Corporation v. Argentina*, I.C.S.I.D., n°ARB/02/16, Award, September 28, 2007.

Enron Corporation and Ponderosa Assets, L.P. v. Argentine Republic, I.C.S.I.D., n°ARB/01/3, Award, May 22, 2007.

Joy Mining Machinery Limited c. Égypte (compétence), I.C.S.I.D., n°ARB/03/11, August 6, 2004.

Himpurna v. Indonesia (Himpurna California Energy Ltd (Bermuda) v. Republic of Indonesia, I.C.S.I.D., XXV YBCA, 2000, pp. 109-201.

Amco Asia Corporation and others v. Republic of Indonesia (Amco Asia), I.C.S.I.D., n°ARB/81/1, Decision on the Proposal to Disqualify an Arbitrator, June 24, 1982.

Decision under Article IV of the Treaty of Ghent of 1814 between the United Kingdom and the United States, relating to the Islands in the Bay of Fundy, decision of 24 November 1817, I.C.S.I.D., Vol. XXVIII, pp. 5-10.

Cour Européenne des droits de l'Homme

CourEDH, *Apinis c. Lettonie*, Req. n° 46549/06, 20 septembre 2011.

CourEDH (GC), *Sejdic et Finci c/ Bosnie-Herzégovine*, Req. n°27996/06 et 34836/06, 22 décembre 2009.

CourEDH (GC), *Scoppola c/ Italie*, Req. n°10249/03, 17 septembre 2009.

CourEDH, *Megadat. com SRL c. Moldova*, Req. n° 21151/ 04, 8 avril 2008.

CourEDH (GC), *Kyprianou c. Chypre*, Req. n°73797/01, 15 décembre 2005.

CourEDH, *Rehak c. République tchèque*, Req. n°67208/01, 18 mai 2004.

CourEDH, *Duringer et Grunge c. France*, Req. n° 61164/00 et 18589/02, 4 février 2003.

CourEDH, *Manoussos c. République tchèque et Allemagne*, Req. n° 46468/99, 9 juillet 2002.

CourEDH, *Al-Nashif c. Bulgarie*, Req. n°50963/99, 20 juin 2002.

CourEDH, *Varbanov c. Bulgarie*, Req. n° 31365/96, 5 octobre 2000

CourEDH, *Foxley c. Royaume-Uni*, Req. n°33274/96, 20 juin 2000.

CourEDH, *Natelitic c/ Croatie*, Req. n°51891/99, 4 mai 2000.

Cour Permanente de Justice Internationale et Cour Internationale de Justice

Effets juridiques de la séparation de l'archipel des Chagos de Maurice en 1965, avis, C.I.J., 2019.

Certaines questions concernant l'entraide judiciaire en matière pénale (Djibouti c. France), arrêt, C.I.J., Recueil 2008, p. 177.

Activités armées sur le territoire du Congo (République démocratique du Congo c. Ouganda), arrêt, C.I.J., Recueil 2005, p. 168.

Conséquences juridiques de l'édification d'un mur dans le Territoire palestinien occupé, ordonnance du 30 janvier 2004, C. I. J., Recueil 2004, p. 3.

Délimitation maritime et questions territoriales entre Qatar et Bahreïn (Qatar c. Bahreïn), compétence et recevabilité, arrêt, C.I.J., Receuil, 1994, p. 112.

Certaines terres à phosphates à Nauru (Nauru c. Australie), exceptions préliminaires, arrêt, C.I.J., Recueil 1992, p. 24.

Activités militaires et paramilitaires au Nicaragua et contre celui-ci (Nicaragua c. Etats-Unis d'Amérique), compétence et recevabilité, arrêt, C.I.J., Recueil 1984, p. 392.

Droits des ressortissants des Etats-Unis d'Amérique au Maroc (France c. Etats-Unis d'Amérique), arrêt, C.I.J., Receuil, 1952, p. 176.

Anglo-Iranian Oil Co (Royaume-Uni c. Iran), competence, arrêt, C.I.J., Recueil 1952, p. 93.

Pêcherie (Royaume-Uni c. Norvège), arrêt, C.I.J., Receuil 1951, p. 116.

Affaire franco-hellénique des phares (France c. Grèce), arrêt, C.P.J.I., Receuil 1934, Série A/B, n°62.

Cour Pénale Internationale et TPI ***ad hoc***

Notification of the Decision of the Plenary of Judges pursuant to article 40 of the Rome Statute, I.C.C.-01/04-02/06, 22 march 2019.

Le Procureur c. Laurent Gbagbo et Charles Blé Goudé, I.C.C.-02/11-01/15, 15 janvier 2019.

Le Procureur v. Limaj, Bala et Musliu, Décision relative à la requête de la défense concernant le « récolement » des témoins par l'accusation, IT-03-66-T, 10 décembre 2004.

Le Procureur c/ Zejnil Delalic et al., arrêt, IT-96-21-A, Ch. App., 20 février 2001.

Tribunal International du Droit de la Mer

Affaire du Navire « Louisa » (Saint-Vincent-et-les Grenadines c. Royaume d'Espagne), arrêt, T.I.D.M., Recueil 2013, p. 4.

Grand Prince (Belize c. France), prompte mainlevée, arrêt, T.I.D.M., Recueil 2001, p. 17.

Jurisprudence française

T.G.I. de Lyon, 25 janvier 1994, *Revue de l'arbitrage*, 1994, n°3, p. 525, note M.C. Rondeau-Rivier

Presse

S. MAUPAS, « A la C.P.I., une juge devenue diplomate pourrait compromettre le jugement de Bosco Ntaganda », *Le Monde Afrique*, 11 avril 2019, https://www.lemonde.fr/afrique/article/2019/04/11/a-la-cpi-une-juge-devenue-diplomate-compromet-le-jugement-de-bosco-ntaganda_5448814_3212.html

S. MAUPAS, « La C.P.I. survivra-t-elle au fiasco du procès Gbagbo ? », *Le Monde Afrique*, 23 janvier 2019, https://www.lemonde.fr/afrique/article/2019/01/23/la-cpi-survivra-t-elle-au-fiasco-du-proces-gbagbo_5413490_3212.html

M. OLIVIER, « C.P.I. : le lourd héritage de Luis Moreno Ocampo à la C.P.I. », *Jeune Afrique*, 30 juillet 2018, https://www.jeuneafrique.com/mag/607348/societe/cpi-le-lourd-heritage-de-luis-moreno-ocampo-a-la-cpi/

« Sociétés offshore: l'ex-procureur de la C.P.I. soupçonné de dissimulation fiscale », *L'express*, 2017, https://www.lexpress.fr/actualite/monde/societes-offshore-l-ex-procureur-de-la-cpi-soupconne-de-dissimulation-fiscale_1948178.html

Table des matières

Structures éditoriales du groupe L'Harmattan

L'Harmattan Italie
Via degli Artisti, 15
10124 Torino
harmattan.italia@gmail.com

L'Harmattan Hongrie
Kossuth l. u. 14-16.
1053 Budapest
harmattan@harmattan.hu

L'Harmattan Sénégal
10 VDN en face Mermoz
BP 45034 Dakar-Fann
senharmattan@gmail.com

L'Harmattan Cameroun
TSINGA/FECAFOOT
BP 11486 Yaoundé
inkoukam@gmail.com

L'Harmattan Burkina Faso
Achille Somé – tengnule@hotmail.fr

L'Harmattan Guinée
Almamya, rue KA 028 OKB Agency
BP 3470 Conakry
harmattanguinee@yahoo.fr

L'Harmattan RDC
185, avenue Nyangwe
Commune de Lingwala – Kinshasa
matangilamusadila@yahoo.fr

L'Harmattan Congo
67, boulevard Denis-Sassou-N'Guesso
BP 2874 Brazzaville
harmattan.congo@yahoo.fr

L'Harmattan Mali
ACI 2000 - Immeuble Mgr Jean Marie Cisse
Bureau 10
BP 145 Bamako-Mali
mali@harmattan.fr

L'Harmattan Togo
Djidjole – Lomé
Maison Amela
face EPP BATOME
ddamela@aol.com

L'Harmattan Côte d'Ivoire
Résidence Karl – Cité des Arts
Abidjan-Cocody
03 BP 1588 Abidjan
espace_harmattan.ci@hotmail.fr

Nos librairies en France

Librairie internationale
16, rue des Écoles
75005 Paris
librairie.internationale@harmattan.fr
01 40 46 79 11
www.librairieharmattan.com

Librairie des savoirs
21, rue des Écoles
75005 Paris
librairie.sh@harmattan.fr
01 46 34 13 71
www.librairieharmattansh.com

Librairie Le Lucernaire
53, rue Notre-Dame-des-Champs
75006 Paris
librairie@lucernaire.fr
01 42 22 67 13

www.ingramcontent.com/pod-product-compliance
Lightning Source LLC
LaVergne TN
LVHW010926061026
849535LV00007B/2248